解读敦煌

著者◎彭金章
主编单位◎敦煌研究院
主编◎樊锦诗

神秘的密教

华东师范大学出版社

主编寄语

众所周知，中国的佛教与儒家和道教曾经对中国古代社会生活产生过重大的影响。中国佛教美术艺术与佛教相生相伴，相互影响，相互促进。中国佛教美术艺术应佛教需要而成长，应佛教发展而发展，对弘扬佛教教义和佛教思想起过至关重要的作用。中国佛教美术艺术也是中国古代美术艺术不可或缺的重要组成部分，推动了中国古代美术的发展。

中国佛教美术留下了无数的遗迹、遗存和遗物，但历史上诸多古刹名寺因战火、天灾、人祸而灰飞烟灭，寺庙建筑中的佛教艺术也随之消失殆尽。唯开凿于山崖的佛教石窟寺虽历经沧桑，仍大多得以保存。敦煌曾经是古代丝绸之路上的交通枢纽，商业贸易的集散之地，是世界上四大文化、六大宗教、十余个民族文化的融汇之处，在敦煌适宜的土壤上，辉煌的敦煌莫高窟及其佛教艺术应运而生。敦煌莫高窟迄今保存了735个洞窟、45000平方米壁画、2000多身彩塑、5座唐宋窟檐。敦煌莫高窟是中国现存规模最大的佛教石窟寺遗址，是世界上历史延续最悠久、保存较完整、内容最丰富、艺术最精美的佛教艺术遗存，代表了公元4至14世纪中国佛教美术艺术的高度成就。

然而，敦煌莫高窟这处千年佛教圣地，由于历史原因，公元16世纪以后，竟成为被历史遗忘的角落，它的丰富内涵和珍贵价值长期鲜为人知。

清光绪二十六年（公元1900年）发现的藏经洞，出土了公元4至10世纪的文书、刺绣、绢画、纸画等文物5万余件。其中文书，大部分是汉文写本，少量为刻印本。汉文写本中佛教经典占90%以上，还有传统的经史子集和具有珍贵史料价值的"官私文书"等。除汉文外，还有古藏文、梵文、回鹘文、粟特文、于阗文、龟兹文等多种少数民族文字。

藏经洞及其文物的发现，引起了学界的震惊，中外学者以藏经洞文献研究为发端，开始关注敦煌莫高窟，从而引发了对敦煌莫高窟和敦煌地区石窟佛教艺术研究的热潮。在这个敦煌研究的热潮中，1944年，一个保管和研究敦煌石窟（包括敦煌莫高窟、西千佛洞，安西榆林窟、东千佛洞，肃北五个庙石窟）的机构——国立敦煌艺术研究所在大漠戈壁的敦煌莫高窟中诞生了。

六十多年来，一批又一批有志青年离开了繁华的都市，来到了西部边陲的敦煌莫高窟安家创业。他们住土房、喝咸水、点油灯，严寒酷暑，大漠风沙，孤独寂寞，磨灭不了他们心中神圣的追求，为了保护敦煌石窟，为了研究和解读敦煌石窟艺术，一年又一年，一代又一代"敦煌人"默默地奉献着青春、智慧、家庭，乃至人生。

经过几代敦煌学者对敦煌石窟长期深入细致的调查、整理、考证、研究，敦煌石窟壁画的尊相画（指大彻大悟、大智大勇的佛，慈悲为怀、普度众生的菩萨，虔诚修行、以求自我解脱的弟子，威武勇猛、守护佛法的天王、力士，轻歌曼舞的伎乐飞天等等佛教众神）、释迦牟尼故事画（指佛教教主释迦牟尼生前救度众生的种种善行故事，今生诞生宫廷、犬马声色的太子生活、出家修行、降魔成道、教化众生的传奇故事）、经变画（指隋唐时期中国艺术家根据大乘佛教经典创作绘制的大幅壁画）、佛教东传故事画（指宣扬佛教东传、佛法威力、佛迹灵验等等神奇故事）、神怪画（指佛教接纳的中原汉地流行的传统神话和神怪形象）、供养人画像（指为祈福禳灾而出资开窟造像的功德主及其眷属的礼佛画像）、图案纹样（指装饰各洞窟建筑、彩塑和壁画的图案纹样）等七类专题性如同天书般的内容逐渐得以认识、揭示和解读。

通过研究，学者们不仅解读了作为敦煌石窟主体的佛教的题材内容、思想、教义及其演变发展，而且还揭示出壁画表现的人间所没有的佛教众神和他们所居住的佛国世界，其素材无不取自于现实人间世界。揭开佛教教义的神秘面纱后，可以看到，敦煌壁画中名目繁多的佛国世界是现实世界的反射。展示在人们眼前的不只是虚幻的佛国世界，而且是一千年敦煌和河西的形象历史，是一千年丰富多彩的古代社会生活，是一千年内涵博大的文化，是一千年壁画和彩塑艺术的发展史。因此，敦煌石窟被誉为"佛教艺术宝库"和"中世纪的百科全书"。今天，当历史图像资料已经成为凤毛麟角的时候，通过博大精深的敦煌壁画认识中国古代历史和社会，显得尤为重要。

此次出版的"解读敦煌"系列丛书，是由敦煌研究院的资深专家和摄影师共同完成的一套内容详备、体例新颖、面向广大读者的通俗读物。本系列丛书具有三大优势：

一、全面涵括了敦煌石窟的建筑、壁画、彩塑以及出土文书的内容，体系浩大、内涵丰富；

二、由敦煌研究院资深专家组成的作者队伍，将他们数十年的研究成果，以佛教、艺术、社会三大类多专题的形式，深入浅出地向读者解析敦煌石窟的奥秘；

三、由敦煌研究院资深摄影师拍摄的两千幅精美照片，向读者全方位、多角度地展示多姿多彩的敦煌石窟艺术。

本丛书将向全世界展示中华民族在历史上创造的杰出艺术成就和东方古代文化的辉煌，向全世界讲述历史留在敦煌的繁华和一个个悠远的故事。

最后，我们通过出版"解读敦煌"系列丛书，以纪念藏经洞发现110周年、敦煌研究院建院66周年、敦煌莫高窟被联合国教科文组织列入世界文化遗产名录24周年。

樊锦诗

2010年6月20日

| 目录 |

目
录

前　言

第一章　神秘的佛教宗派——密教

　　1 · 密教是秘密的宗教吗？　19

　　2 · 为什么印度产生了密教？　24

　　3 · 什么是曼荼罗？　27

　　4 · 密教有形象信仰吗？　30

　　5 · 谁是密教最高尊神的老师？　34

　　6 · 密教造像与其他佛教造像有什么不同？　38

　　7 · 遥远印度的密教是如何传入中国的？　42

　　8 · 印度波罗密教在中国留下了哪些印记？　46

　　9 · 中国密教有几大分支？　50

　　10 · 汉传密教与藏传密教有什么异同？　53

　　11 · 高僧玄奘信仰密教吗？　56

目录

12 · 中国密教是如何发展壮大的？　61

13 · 舶来的密教怎样与中国传统文化融合？　66

14 · 中国最早的密教遗迹在哪里？　68

第二章　汉传密教在中国的传播

1 · 汉传密教的创始人是谁？　71

2 · 为什么密教在盛唐壮大起来？　74

3 · 盛唐时期的敦煌密教出现了哪些新形象？　76

4 · 为何称莫高窟148窟为盛唐的密教经典？　82

5 · 唐武宗灭佛是否抑制了密教发展的势头？　86

6 · 敦煌汉传密教为什么会在中唐出现繁盛景象？　90

7 · 敦煌石窟的中唐密教形象发生了哪些变化？　94

8 · 为什么说敦煌晚唐时汉传密教最辉煌？　97

9 · 晚唐敦煌有哪些经典的密教洞窟？　100

| 目录 |

10 · 五代、北宋的汉传密教为什么依然繁盛？ 106

11 · 方塔里的密教场所是什么样子？ 111

12 · 敦煌的哪尊十一面观音堪称艺术之最？ 116

13 · 哪种汉传密教经变在敦煌石窟中数量最多？ 119

14 · 不空羂索观音经变如何成为密教传统题材？ 124

15 · 为什么千手千眼观音经变在敦煌深入民心？ 128

16 · 敦煌汉密鼎盛时期的千手千眼观音有何特点？ 132

第三章　藏传密教异军突起与汉传密教的衰落

1 · 藏传密教为什么会在西夏时期兴起？ 139

2 · 敦煌初兴的藏传密教传播什么？ 142

3 · 藏密的兴起是否给敦煌的汉密带来了冲击？ 145

4 · 元代的宗教政策对藏传密教产生了怎样的影响？ 148

5 · 为什么说敦煌是藏传密教的传播中心？ 151

| 神秘的密教 |

目录

6·元代敦煌石窟中的藏、汉两种密教哪种占据主流地位？ 154

7·藏传密教的神秘寺院究竟什么样？ 159

8·藏传密教的神秘寺院到底归属哪一派？ 165

附录一　　敦煌石窟密教遗迹统计表

附录二　　敦煌石窟隋至元代密教遗迹种类与数量统计表

附录三　　敦煌大事记

前言

密教，是秘密佛教的简称，为佛教的重要支派，起源于公元2世纪流行于印度的大乘佛教，是大乘佛教进一步神秘化、通俗化、世俗化的结果。它最明显的特征是：高度组织化的咒术、神秘化的仪轨和世俗化的信仰；"三密为用"是密教独特的义理，密教认为，如果口密、身密、意密（三密）与诸佛的口、身、意相应，便可成佛，即通过口诵真言（口密）、手结印契（身密）、心作观想（意密），便能修成正果。

密教自产生之日起，便开始向周边地区传播。由现存资料可知，公元2世纪后半叶，密教便随着大乘佛教，从陆路经中亚，沿丝绸之路陆续传入中国。

0-1　十一面观音菩萨图麻布画
五代至北宋
纵142.5厘米　横98.8厘米
敦煌藏经洞发现
现藏法国吉美博物馆
图绘密教十一面观音，十一面八臂，周围菩萨、明王环绕，下部是七宝。

敦煌自古就是中国西部的边陲重镇，地处丝绸之路的咽喉要地，是中外文化交流的中转站，在中外文化交流中起着重要的枢纽作用，是密教传入的必经之路，因而敦煌留下了很多的密教遗迹。

敦煌密教分汉传和藏传两类，其中汉传密教遗迹数量之多、保存之完整、延续时间之长，均为中国之最。从敦煌藏经洞所出《大方等陀罗尼经》、《杂咒经》、《诸尊陀罗尼经》等密教经典表明，这些源自印度，以祈愿、隆福、驱魔、除害为宗旨的释迦杂咒，隋代以前就在敦煌地区传播，但直到隋代才开始为时人接受，而影响却极其有限。自初唐以后，大量密典被汉译，其中不少密典在敦煌藏经洞中发现有写本，无疑是密教在敦煌地区广为传播的证据。整个唐代以及五代、宋初，密教经典不仅种类越来越多，而且不少密教经典还把诸多原来属于显教的神祇及其功能移植到密教经典中，使得

| 神秘的密教 |

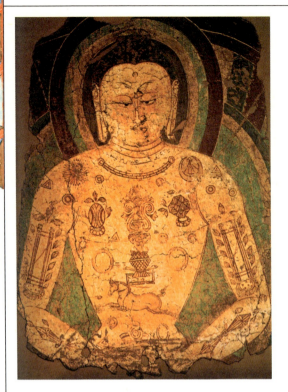

0-2 印度布拉汗佛陀壁画
公元3～4世纪
印度贵霜王朝的佛教繁盛起来，以犍陀罗为中心的佛教艺术对后世各国的密教产生了重大影响。此图为犍陀罗艺术的代表作，以大眼、薄唇、高鼻为特征，突出佛陀冥想内省的精神世界。其手势和姿态标志着佛陀的神圣身份，也是密教佛陀的程式化形象。

密教神祇的地位越来越高，诵持密典、供奉密教神祇所获得的功德远远多于显教，因而密教的影响也就越来越大。再加上倍受唐朝皇帝敬重和推崇的密教大师不空曾于天宝年间（公元753～754年）在河西弘法、译经，更大力刺激敦煌汉传密教的进一步发展，并推动汉密逐渐走向繁盛。

然而，随着更神秘、更深奥，及具有更大吸引力的藏传密教于西夏中、晚期传播于瓜、沙二州后，汉传密教也就逐渐衰败。而藏传密教则由于西夏和蒙元皇室的扶持，获得了长足地发展，藏传密教的艺术形象不仅出现于敦煌石窟，而且遍布长城内外、大江南北。

关于敦煌藏传密教信仰的来源，学术界看法比较一致，都认为来自西藏。但对于传入时间则有分歧。有的认为早在中唐时期就传入敦煌，有的则认为西夏中、晚期才开始在敦煌出现。

在对密教的研究过程中，题材的界定也是一个受人关注的问题。在敦煌石窟中，密教形象多以造像或壁画的形式出现，且一般以密教经典作为依据。其中依据密教经典绘制的壁画有三类形式：一类与通常所见的显教经变类似，但是表现的内容已经由显教教义转变为密教教义的经变画，称为密教经变；一类是表现密教修法坛城的密教曼荼罗，其布局严谨而规范，一般是佛和菩萨在有圆轮、方形并四门的坛城中说法；第三类则介于以上两类之间，既无坛城形式，又与

0-3 千手千眼观音经变绢画
敦煌藏经洞所出密教经变绢、纸画，现多藏于巴黎吉美博物馆和英国伦敦大英博物馆，国内所存则很少，故十分珍贵。此幅绢画出土于甘肃省安西县（现更名为瓜州县）东千佛洞，题材、风格与同期壁画相同，描绘精细，为五代的绢画佳作。主尊千手千眼观音一面三目，戴化佛冠，有大手十八只，众多小手环绕于身后。眷属中可见一贫儿正在乞钱、一饿鬼正在乞甘露。左上角残存坐佛四尊，可能是十方佛赴会，惜已残缺。
五代　东千佛洞

| 前言 |

经变形式有明显不同,我们将此类密教壁画称为非典型的坛城,亦归属密教曼荼罗。还有一些界限模糊不清,但是学术界已经约定俗成的曼荼罗,也都归属在第三类。这三类壁画,学术界一致认为属于密教壁画题材。

与此同时,由于密教发展过程复杂,传播形式秘密而繁缛,因此对敦煌壁画中密教艺术形象的界定也相当复杂。许多原来属于显教经典的壁画题材,后来进入密教经典,成为密教壁画题材;或者是原来属于显教的艺术形象,后来进入密教经变或密教曼荼罗,成为密教壁画的组成部分。学术界对这些壁画则看法不一致,有的认为,源自显教经典的艺术形象,被密教所利用,进入密教经变或密教曼荼罗,它们仍然属于显教的艺术形象,不应属于密教题材。但也有学者认为,随着密教经典在汉地的传播和密教的发展,一部分显教经典的新译或重译也受到影响,在其中往往夹杂有密教的密咒或陀罗尼的内容。这样的显教经典实际上已经不是纯粹的显教经典。而源自印度的密教传到中土后,为了自身的发展,吸收了诸多原本属于显教的神祇以及在中土创造的神祇,以壮大密教神祇队伍。因而一些常见的显教形象以及中土创造的神祇也出现于密教经变或密教曼荼罗中。像这样有显教形象的密教经变或密教曼荼罗,应归属于密教体系。笔者在本卷的论述中采用了后一观点。

从敦煌石窟大量现存壁画可知,原属显教常见或中土创造的艺术形象,并非同时加入到密教行列,而是在密教不断壮大发展的过程中,一个一个逐步成为密教经变或密教曼荼罗的一部分。就汉传密教而言,比如毗卢遮那

0—4 千手千眼观音经变绢画(局部)

| 前言 |

0-5 密教经典洞窟——莫高窟3窟 ▶

莫高窟密教代表洞窟之一，也是元代惟一的汉密观音窟。主室覆斗顶，正壁开龛，正龛两侧作观音立像，南北壁均作千手千眼观音经变，主尊千手千眼观音作十一面，位于经变中央，呈立式像。东壁门南北两侧各画一身观音，北侧观音垂右臂，伸掌，散出珊瑚、玛瑙金银等七宝，为千手观音经变中"七宝施贫儿"的情节，南侧观音手持净瓶，倾出清水，为"甘露施恶鬼"的情节。此窟观音画像，虽姿态、手势各异，但风格相同；衣冠服饰一律素色，面相珠圆玉润，神情庄重善良，堪称敦煌密教艺术珍品。

佛、毗沙门天王、毗琉璃天王、文殊变、普贤变、地藏、天王及以观音菩萨为主尊而又不属于《法华经·观世音普门品》的观音经变等，是从盛唐时期加入密教神祇的。提头赖吒天王、毗沙门决海、东方不动佛、西方无量寿佛、五台山图等，是中唐时期进入密教行列的。毗楼博叉天王、毗沙门赴那吒会是晚唐时期才为密教所接纳。水月观音、天鼓音佛、最胜音佛、宝相佛、南方不动佛、迦楼罗王等，到五代、宋初才成为密教的神祇。由于密教在其传播中不断吸收新成员，到五代、宋初密教神祇众多，队伍壮大，标志着敦煌密教的繁盛。在西夏、元代，汉传密教神祇再无新成员加入，密教题材种类和密教形象的数量也均少于五代、宋初，反映了汉传密教正逐渐走向衰落。而此时藏传密教异军突起，延续到明、清，久盛不衰。

第一章 神秘的佛教宗派——密教

1·密教是秘密的宗教吗？

佛教与伊斯兰教和基督教并称世界三大宗教，其信徒遍布世界各地，影响极为广泛。同其他大宗教一样，佛教的内部也有众多的教派，如密宗、禅宗等。

密宗，亦称密教，又名"秘密教"、"真言乘"、"金刚乘"等，是秘密佛教的简称，属于大乘佛教与印度民间信仰相融合形成的一个教派。它自称是受法身佛大日如来（又称毗卢遮那佛，梵名Mahāvairocana）深奥秘密教旨的传授，为"真实"言教。密教将其他佛教派别的教义（包括禅宗的教义）都视为释迦牟尼佛公开宣讲的佛法教义，称之为"显教"。

1-1-1　印度巴达弥石窟多臂舞王
公元6世纪
多臂舞王是印度古代神话中的人物，在印度教神庙中很多见。密教传入中国后，多臂人物成为密教中必不可少的角色。

1-1-2　十一面观音
观音有头光和背光，无宝盖。十一面从下而上的排列是3、2、3、2、1式。其面相慈祥，最上一面为佛面，菩萨面戴宝冠，主面宝冠上有化佛。两手，右手在胸前施无畏印，左手置于左膝上作与愿印。结跏趺坐在由水池间生出的莲花上。
初唐　莫高窟334窟　东壁门上

| 神秘的密教 |

1—1—3 如意轮观音
如意轮观音戴化佛冠，有六臂，呈思惟相坐莲花座上，形象优美。
晚唐　莫高窟156窟　西壁龛顶北坡

密教具有极强的"秘密性"。从其高度组织化的咒术、神秘化的仪规和世俗化的信仰即可窥见一二。

从教义而言，密教认为宇宙一切皆为大日如来所显现，而世界万物、佛和众生都是由地、水、火、风、空、识"六大"所造。将表现其智德方面的（"识"，即"心法"）称为金刚界，比喻如来的智德像金刚宝石一样坚固，不被一切外物所坏；将表现其理性方面的（前"五大"，即"色法"）称为胎藏界，比喻其理性存在于一切之内，犹如胎儿孕于母胎之中。二者统括宇宙间的万事万物，而又生于众生心中。因而，佛与众生在本性上是一致的。

密教的信徒在修行过程中，讲究"三密为用"的义理，即"口密"、"身密"、"意密"。"口密"是指修行者通过口诵真言咒语进行修行；真言是一种"思维的工具"，或"心的加持力"，被赋予一种神圣的力量，如"唵嘛呢叭咪吽"便是典型的密教真言。"身密"即手结印契，指运用手势和身体的姿势进行修

第一章 神秘的佛教宗派——密教

1-1-4 不空羂索观音
不空羂索观音戴化佛冠，左肩披鹿皮衣，八臂，分别执持宝印、宝瓶、莲花，或结手印，形象端庄优美。
晚唐　莫高窟156窟　西壁龛顶南坡

行；密教具有五种典型的手势或手印，即右手如同指地为证一般的触地；右手置于左手之上，手掌张开并伸向上部；每只手的食指与拇指皆合十于胸前；举起右手，手掌向下伸出；右手伸向地，手掌张开并向外转。"意密"则指内心的观想。如果三密能够与诸佛的身、口、意相应，便会"三业"清净，即身成佛。敦煌石窟中的密教壁画或造像便多手结印契，如莫高窟334窟的十一面观音，右手在胸前施无畏印，左手在左膝上作与愿印。

密教的仪轨也异常复杂，仪式极其神秘，对设坛、供养、诵咒、灌顶等都有严格的规定，并密不示人。坛场（坛，坛城）是一个中心点，被认为是宇宙的中心，世界的轴心便经过那里。中心的外围是一个由四门组成的四边形，四边形本身又由多道环形围墙环抱。这样整个坛场便处于一种封闭状态，摆脱了任何干扰性的影响。供养是敬奉某一种特定种类神祇。人们选择该神来修习

神秘的密教

三昧观想，最终在一定程度上与之合为一体。诵咒即口诵真言咒语。灌顶是一种宗教仪式，多于僧人嗣阿阇梨★（导师）位时，设坛举行灌顶仪式。布道时必须由阿阇梨直接向弟子秘密传授，且秘而不宣。建于元代的莫高窟465窟便是典型的一例。经考古发掘，此窟为一处神秘的密教寺院。它遵循"秘密"的原则，在选址时有意避开莫高窟洞窟密集而开放的南区，而建于僻静的北区之中，以达到其清净、隐秘的目的。

与密教相比，显教在秘密性和复杂性方面要弱得多。以禅宗为例，它自称"传佛心印"，又称"佛心宗"。"禅"是梵语"禅那"（Dhyāna）的音译，意译为"静虑"，即用静坐思维的方法，以期大彻大悟。中国禅宗在五祖弘忍之后又分为南北两宗，时称"南能（慧能）北秀（神秀）"。北宗主张渐修，南宗主张顿悟。

密教与显教之间虽然存在着很大的不同，但二者又并不是完全割裂的，其中有着千丝万缕的联系。藏传密教便认为显教是密教的基础，显教中的许多基本原则都贯彻在密教的实践当中，如显教中关于"如何解脱生死，出离轮回"的问题，便是由显教和密教共同予以解答的。

1-1-5　金刚界五佛图绢画
北宋
纵103厘米　横62厘米
现藏法国吉美博物馆

表现密教金刚界五方佛的曼荼罗图。金色的大日如来居中，四方是：白色的阿閦如来，青色的宝生如来，赤色的无量寿如来，绿色的不空成就如来。各佛旁配两身供养菩萨（合为八供养）。地面上随意描绘轮宝、宝珠等八吉祥文和三昧耶形（佛、菩萨的象征性持物），下部是七身供养人画像。

知识库

★ 阿阇梨

在印度古代，阿阇梨本为婆罗门教中教授弟子有关吠陀祭典规矩、行仪之师，此一名词后为佛教所采用，且于佛在世时已普遍使用。既教授弟子，使之行为端正合宜，而自身又堪为弟子楷模之师，故又称导师。密教的阿阇梨即一般所习称之上师、金刚上师。对通达曼荼罗及一切诸尊、真言、手印、观行悉地、传法灌顶者，即称之为阿阇梨，有时亦称佛、菩萨为阿阇梨。

第一章 神秘的佛教宗派——密教

| 神秘的密教 |

2·为什么印度产生了密教?

释迦牟尼圆寂之后,其创立的佛教内部发生了分裂,内部教派林立,势力不断变化。其中的大众部以积极的态度进行改革,将更加广泛的信徒吸纳进来,声望日渐壮大,获得了"大乘"之名。而当时一些古旧的部派则被贬称为"小乘",被认为较前者低级。

大乘佛教不再局限于个人的自我救赎,开始追求普渡众生的自觉献身,并毫无分别地解脱众生。"无我"和救度他人的思想,日益得到民众的崇敬,影响不断扩大,并逐渐大规模的发展起来,形成一种全面、强烈而虔诚的信仰,于公元2世纪起流行于印度。

密教起源于大乘佛教,约正式产生于大乘佛教的晚期,亦即释迦牟尼灭后的千年左右。它是大乘佛教与印度教和印度民间信仰的混合物,也是大乘佛教进一步神秘化、通俗化、世俗化的结果,带有更多的印度宗教的民族特性。

严格说来,早期佛教是反对印度宗教的传统信仰的,对于婆罗门教的多神崇拜、吠陀思想中的真言、密语乃至宗教仪轨,一概都持排斥、批判和反对的态度。但大乘佛教兴起以后,这一严格的反对立场渐渐动摇,转而开始引进世俗的咒法观念。此后逐渐将真言、密咒佛教化,亦即把印度传统婆罗门教的属于禳灾、祈福和多神信仰的世俗宗教观念全部吸收到佛教中来,并与佛教高层次的教义和理论结合在一起,使其成为高深的佛教理论,后来更成为密教修行的重要组成部分。

这一衍化过程在密教的很多领域都有所表现。如密教中的毗那夜迦神,原是印度教湿婆系统的神怪,传说为湿婆与雪山女神所

1-2-1 印度阇罗阇罗湿婆庙
公元10世纪

第一章 神秘的佛教宗派——密教

生之子，名伽涅沙。后来，毗那夜迦被吸收到密教的神祇之中，按照《大日经疏》的解释，为障碍之神，凡诸世事，遇其均受阻碍。

密教的宗教观念也吸收了大量的印度教思想，如最为密教重视的修行方法之一的"乐空双运"便源于印度教中的性力派★，而其中男神的女性伴偶也被编入密教神祇的行列，成为密教中的佛母（或称空行母、明妃）。密教中的佛母主要有般若佛母、尊达佛母、大摩里支佛母、顶髻尊胜佛母等，这些女神的形象在整个佛教的神祇行列中颇为引人注目。

1-2-2 舞神湿婆
公元11世纪
高82厘米
现藏法国巴黎吉米博物馆
舞婆湿婆，头戴宝冠，舒展手臂，独立于带有火焰纹饰的圆环中央翩翩起舞。飞扬的飘带、帛巾体现了舞姿的旋转流动，是充满生命力的象征，寓意了宇宙永恒的运动。

知识库

★**性力派**

印度教湿婆派的分支。该派认为破坏与温和都是女神的属性，宇宙万物均由女神性力而生，再结合佛教义理形成无上瑜伽密"乐空双运"的双身修法。性力派女神崇拜的经典作"怛特罗"，认为是湿婆与其妻的对话，密教经典沿袭这一名称，以"怛特罗"为名。

1-2-3 喜金刚双身曼荼罗　　　（见下页图）
喜金刚八面十六臂。十六只手皆托颅钵，其中两只手交叉于明妃背后。右手所托颅钵内分别为白象、青鹿、青驴、红牛、灰驼、红人、青狮、赤猫；左手所托钵内分别为黄天帝、白水神、红火神、青风神、日神、月神、青狱帝、黄施财。足踏仰伏魔。明妃为金刚无我母，头饰与璎珞同男尊。伸右手持钺刀，左手托钵搂男尊颈部。据研究，认为主尊上方中间的三身双身和一身单像为主尊的化身像，上方及主尊两侧共八身像，是喜金刚的八位莲花伴女。
元　莫高窟465窟　　北壁中

25

3·什么是曼荼罗?

"曼荼罗"是对梵文Mandala的音译,亦译作"曼陀罗",古时意译为"坛"或"轮坛"。原指密教在修"秘法"时,为了防止"魔众"的侵入,在修法处划一圆圈,或建立方形、圆形的土坛,上面供奉佛或菩萨,即为密教所特有的曼荼罗。土坛和供奉的佛或菩萨,是曼荼罗的本体;聚集的诸尊德形成一大法门,是曼荼罗之义。

曼荼罗是佛教题材中最为复杂的一种,由现存壁画可知,曼荼罗一般呈方形或圆形,中央画一佛或一菩萨像作为本尊。本尊上下左右四方以及四隅各画一菩萨像,形成一朵俯视的莲花,本尊位于中央莲台之上,周围八个莲瓣上则各有一个菩萨像,整朵莲花总成为中院。中院周围又有一层或二层菩萨或护法诸天像,组成外院。

曼荼罗可根据供奉佛、菩萨的具体情况分为四种,即所谓的"四曼为相"。绘制诸佛、菩萨的形象者称为大曼荼罗;绘制诸佛、菩萨所结手印、所持器杖者称为三昧曼荼罗;书写诸佛、菩萨的种子真言以代表诸佛、菩萨者称为法曼荼罗,或称为种子曼荼罗;树立诸佛、菩萨的立体形象者称为羯摩曼荼罗。

密教最重要的两部曼荼罗,是被称为"金胎两部"的金刚界曼荼罗和胎藏界曼荼

1-3-1 金刚萨埵曼荼罗 ◀
主尊金刚萨埵菩萨位于曼荼罗中部,眷属有金刚香菩萨、金刚花菩萨、金刚涂菩萨、持幢菩萨及双手合掌的供养菩萨。整个画面主次分明,形象生动。
晚唐 莫高窟156窟 西壁龛顶东坡

| 神秘的密教 |

1-3-2 不知名曼荼罗
主尊为一佛像，位于曼荼罗中央，左手触地，右手说法印。二十三身眷属围绕，内外四供养菩萨均曲结发披肩，斜披天衣，着重裙及紧身透体长裤。
五代　榆林窟38窟　北壁

第一章 神秘的佛教宗派——密教

罗。金刚界曼荼罗由九个小曼荼罗组成,称为九会曼荼罗。其中第七会是理趣会,是以金刚萨埵为中心的曼荼罗。敦煌莫高窟14窟的北壁和南壁有两幅印度波罗密教艺术风格浓郁的曼荼罗,从内容看,表现的可能就是理趣会。南壁另有一幅曼荼罗,现称金刚母曼荼罗,主尊金刚母菩萨亦可能是密教胎藏界曼荼罗中同体异名的金刚手院金刚手持金刚菩萨。

密教所供奉的曼荼罗必须依照经轨所说的仪则进行绘制,不得改变,如上面提到的理趣会曼荼罗。据佛经记载,理趣会曼荼罗中央为双手持金刚杵的金刚萨埵,四方安置欲、触、爱、慢四金刚,四隅安置意生、计里吉罗、爱乐、意气四金刚女;外院则安置四摄菩萨及金刚歌、舞、嬉、缦内四供养菩萨。有专家认为,14窟北壁的一幅壁画就是以此为蓝本进行绘制的,如该壁画主尊为金刚萨埵,周围绘理趣会的四摄菩萨和内四供养菩萨。

1-3-3　五佛曼荼罗 ▲
五佛均有榜题。研究者认为此幅曼荼罗系由金刚界、胎藏界、大乘佛教的尊像混合而构成,显密融合,别具一格。
五代　榆林窟20窟　北壁

4·密教有形象信仰吗？

宗教在传播时，除广传经典之外，往往也把各种形象加入到信仰之中，如基督教对耶稣、圣母的崇信，道教对玉帝、王母的崇拜等都是具体的实例。佛教也有很多这样的形象，如释迦牟尼、观世音菩萨等。作为佛教的一个重要宗派，密教从诞生之日起，所信仰的形象便如影随形。常见的主要有大日如来、多臂菩萨、十一面观音、千手千眼观音、千手千钵文殊、普贤、文殊、如意轮观音、不空羂索观音等。其中，因密教自认为来自大日如来深奥教旨的秘密传授，所以大日如来成为密教中最受尊崇的神祇形象。

密教形象是随着密教经典的广泛传播而逐渐产生的。密教最注重事相，这些形象多以经典为蓝本，从经轨所说的仪轨出发，加之画师的想象而创造出来，但又决不局限于某一经典，下面以十一面观音为例。

十一面观音是密教中最受尊崇的菩萨之一，十一个颜面象征菩萨修完"十地"★，最终功行圆满，到达第十一地——佛地。敦煌的十一面观音自初唐起开始流行，这一时期的敦煌石窟中共出现了7幅十一面观音，其颜面排列有四种形式，面相各异，有菩萨面、瞋面、狗牙上出面、佛面。其中菩萨面最多，二臂者占主流。十一面观音两侧还出现了胁侍菩萨，形成主从关系的眷属身份。关于这些十一面观音壁画绘制所依据的经典和仪轨，经考察得知，直到初唐，共有《佛说十一面观世音神咒经》、《十一面观世音神咒经》、《十一面神咒心经》等在传播。用初唐及其以前的《十一面观音经》来审视上述7幅初唐的十一面观音壁画，即可发现这些壁画大致是依据玄奘所译《十一面神咒心经》绘制的，但并非完全拘泥于该经的规定，如有些壁画仅绘了主尊，而不见经里的其它具体内容。

1-4-1 金刚舞菩萨
金刚舞菩萨是密教经变中常见的供养菩萨。此幅画中的菩萨身穿舞衣，右手在上，左手在下，扭转翻动，呈手舞动作，姿态优美柔和。
晚唐　莫高窟14窟　南壁

第一章 神秘的佛教宗派——密教

1-4-2 十一面观音经变

此经变主尊观音既无头光,又无背光,但有伞盖。戴宝冠,主面宝冠上有化佛。有六臂,手中持净瓶、杨柳枝、结手印。罗衣透体站立于双树前的莲花上。两侧的胁侍菩萨,身材修长,亭亭玉立。菩萨身后双树上的五色银杏叶色彩艳丽,双树枝叶相交,与十一面观音的伞盖构成一个更大的伞盖,为同期敦煌壁画所罕见。

初唐　莫高窟321窟　东壁门北

| 神秘的密教 |

随着密教的进一步发展,密教的形象也得到不断丰富,越来越多的密教形象出现在敦煌的洞窟之中,且画面日趋的繁复,出现了众多的经变,上面也多绘有眷属。著名的如千手千眼观音经变、千手千钵文殊经变、普贤变、文殊变、如意轮观音经变、不空羂索观音经变等。这些经变随密教的传播而长期流传,成为密教历史上的经典经变,经变上的形象也成为受人尊崇的经典密教形象。

1-4-3　如意轮观音经变(局部)　▲
如意轮观音是密教的传统形象之一。此幅画中如意轮观音位于经变中央,六臂。有头光和背光。两侧有金刚灯、金刚花、金铜涂日光、月光菩萨。
五代　莫高窟468窟　东壁门北

 知识库

★ **十地**

十地,菩萨修行的十个阶位。密教菩萨成佛要经历十三地,称大菩提道。前十地同显教,分别为欢喜地、离垢地、发光地、焰胜地、难胜地、现前地、远行地、不动地、善慧地和法云地。后面的十一、十二、十三地为金刚乘之地道。

第一章 神秘的佛教宗派——密教

1—4—4 藏传密教鎏金金刚造像
藏于西藏萨迦寺

| 神秘的密教 |

5·谁是密教最高尊神的老师？

毗卢遮那佛是密教的最高尊神，既是宇宙的万物的主宰，也统辖着整个佛教神界。据佛经记载，释迦佛曾上升至摩醯首罗天宫中，与毗卢遮那佛共演"金刚性海莲花藏会"。毗卢遮那佛告诉释迦佛及千释迦、千百亿化身释迦：文殊菩萨是他往昔修持金刚秘密菩提法教的老师，他以认识本来清净自性之因缘而得"毗卢遮那"的佛号。所以从毗卢遮那佛清净心中出现千臂千钵，千钵中显现千释迦，千释迦复现千百亿化身释迦，显现修行加持秘密性海法藏，令一切众生得入瑜伽大教王经的境界。

在敦煌，文殊菩萨的形象最早出现于盛唐时期，文殊经变是这一时期敦煌密教的新题材。中唐时期出现了千手千钵文殊经变。按照上面毗卢遮那佛的说法，由于文殊菩萨是一切诸佛如来金刚本母，所以从他的金刚般若身心，能生出一切诸佛菩萨，于是千手千钵中出现了千释迦。

千手千钵文殊经变一出现就有稳定的格局，常与千手千眼观音经变构成组合形式，各居左右对称出现，因此可知这两个题材的经变在密教中有同等重要的地位。此后这一题材一直延续到西夏，成为密教艺术的主要题材。

这经变基本采用方形或长方形画面，构图无一例外均采用"众星捧月式"：中央位置是文殊菩萨，他的千只手均托宝钵，宝钵中多现须弥山，山顶端坐释迦牟尼佛。这些千手千钵形成主尊身后多层圆圈，类似菩萨的背光。

中唐莫高窟361窟的千手千钵文殊菩萨经变绘于主室东壁门南，文殊菩萨戴化佛冠，位于正中央，上有宝盖，下有水池，结跏趺坐于从水池中生出的、由双龙缠绕的须弥山顶的莲花上。有大手四只，托宝钵，宝

1-5-1 毗卢遮那佛 ▼
毗卢遮那佛是密教的最高尊神，是统辖宇宙万物和佛教神界的主宰。在密教的曼荼罗中，位居诸神之尊的主位。
五代　榆林窟20窟　东壁南侧

| 第一章 神秘的佛教宗派——密教 |

1-5-2 千手千钵文殊经变 ◀
千手千钵文殊经变自中唐以来经常与千手千眼观音经变相对画在窟门左右，也是人物布局最密集的密教经变。主尊文殊千手托钵组成五圈环绕，部分钵中现释迦佛。眷属十六身，有供养菩萨、日光菩萨、月光菩萨、二忿怒尊、二龙王、二阿修罗、二夜叉。构思巧妙，绘制精细。
中唐　莫高窟361窟　东壁门南

钵中现须弥山，山顶端坐释迦。众多小手托宝钵，置于主尊身后，形成多重圆圈，靠近主尊两侧小手所托宝钵中现须弥山，山顶端坐释迦。主尊两侧为眷属，有乘五马座的日光菩萨、乘五鹅座的月光菩萨、金刚歌菩萨、金刚舞菩萨、金刚缦菩萨、金刚嬉菩萨、金刚灯菩萨、金刚香菩萨、忿怒尊。主尊下方的水池中有二龙王、二阿修罗和二夜叉。整个画面突出主尊，左右对

1-5-3 二龙王　　　　　▼
此图位于前图的下部，图中二龙王人面，人上身，戴五蛇冠，合掌，蛇身缠绕于须弥山腰。构图奇妙，形象有趣，令人产生无限遐思。
中唐　莫高窟361窟　东壁门南

| 神秘的密教 |

1-5-4 文殊变
文殊端坐在回首的雄狮上，绘画得严谨而细腻，为西夏时期敦煌石窟的艺术佳作。
西夏　莫高窟 153 窟　南壁

称，主次有序，布局巧妙，画风细腻，笔力精湛，色彩鲜艳，为中唐时期的优秀作品。经研究，敦煌的千手千钵文殊经变主要是依据不空所译《大乘瑜伽金刚性海曼殊室利千臂千钵大教王经》绘制的，因该经典未列举画像法和坛法，故在绘制时又参考了不空译《金刚顶经瑜伽文殊师利菩萨法一品》所说："画文殊师利菩萨坐月轮中，轮内周旋书五字，四面画八供养及四摄，如大坛法"。

1-5-5　文殊变
文殊变与普贤变是中唐密教中常见的一组题材，在壁门左右分立，形成对称布局。文殊菩萨头戴宝冠，身着裙帔，手持如意，乘青狮，侍者执幢盖。画面结构简洁，形象生动。
中唐　榆林窟25窟　西壁门北

6. 密教造像与其他佛教造像有什么不同？

密教是佛教的一个重要支派。它沿袭了佛教提倡造像的传统，在其影响范围内广造塑像。但造像的具体形象却与其他佛教教派有着明显的差别。

佛像方面，密教佛像一般着菩萨装，戴宝冠，佛身璎珞庄严。如密教的毗卢遮那佛即着菩萨装，梳高髻，戴宝冠，曲发披肩，裸上身着胸饰，斜披天衣，穿紧身长裤，衣饰华贵，与其他教派的毗卢遮那佛装束不同。

普通的佛教菩萨像一般为一首两臂，表情慈祥。但密教的菩萨却极少有以这一相貌示人的。其菩萨像常见多首多臂，著名的千手千眼观音、千手千钵文殊、十一面观音等便是很好的例子。其中属于千手千眼观音菩萨者，不论有无千臂，手掌中多有眼睛（个别例外）。同时，密教观音的面部表情也多种多样，除了慈面之外，还有犬牙面、欢喜面、瞋面、思惟面、寂静面等，如莫高窟14窟南壁十一面观音经变主尊。莫高窟14窟北壁上所绘的金刚缦菩萨、金刚香菩萨和金刚花菩萨面部表情便各不相同。另外，观音菩萨所戴宝冠中多有化佛，为其他佛教教派的菩萨像中所没有。

造像手中所执的法器和宝物也有显著的区别。密教中法器和宝物的种类明显要多得多，其中最多者达83种166件。而且造像多结手印，式样多而复杂。如在莫高窟176窟东壁门上的千手千眼观音经变中，主尊的四十只大手，便各执法器、宝物或结手印。

密教造像除了独尊之外，在敦煌壁画出现最多的是经变或曼荼罗组合，其组合形式相当灵活，虽原则上遵循各自的经变或曼荼罗造像仪轨，但并不拘泥于某一具体仪

1—6—1 忿怒尊与毗那勒迦

忿怒尊四臂，手持法器，怒目圆睁，令人生畏。毗那勒迦猪头人身，一手持钵，形象矮小萎靡，异常恐慌。

中唐　莫高窟384窟　南壁

第一章 神秘的佛教宗派——密教

1-6-2 五方佛曼荼罗

该曼荼罗由方形—圆形—方形构成，是典型的曼荼罗形式，最中央为大日如来，上方为阿弥陀佛，下方为阿閦佛，左侧为宝生佛，右侧为不空成就佛。四角有四身供养菩萨。圆形之外的方形内，每一方各有坐佛九尊，从手印分析，应分别是阿閦佛（东方）、阿弥陀佛（西方）、宝生佛（南方）、不空成就佛（北方）。

西夏　东千佛洞2窟　窟顶

| 神秘的密教 |

1-6-3　金刚缦菩萨、金刚香菩萨、金刚花菩萨 ▲
金刚缦菩萨高举花缦供养主尊。金刚香菩萨右手持长柄香炉。金刚花菩萨右手持盛满莲花的花盘，单腿跪向主尊。三位菩萨面部表情各不相同。
晚唐　莫高窟14窟　　北壁

1-6-4　十一面观音　　　　　　　　　　▲
十一面观音除佛面外均戴宝冠，八臂，六臂分别托持日精摩尼、月精摩尼、三叉戟、宝棒、施铜钱、施甘露，另双手持莲花。右下方一贫儿在乞钱，左下方一饿鬼在乞甘露，表现了观世音普渡众生，解救危难。此图绘制精湛。
五代　莫高窟35窟　　甬道顶

轨。与通常所见佛教显教造像固定模式的组合方式明显有别。这在很多密教的经变或曼荼罗中都有所体现，例如莫高窟148窟的千手千眼观音经变，就是依据《千手经》、《千光眼观自在菩萨秘密法经》、《千手观音造次第法仪轨》等多部经典和仪轨绘制而成。

造像的纹饰、图案方面，密教中最为显著的是金刚杵，运用独股杵、三股杵、五股杵、羯摩杵★等组成极具特色的图案。如莫高窟14窟窟顶所绘制的曼荼罗，便是交杵与四方佛相互搭配，交杵处于中心，交杵的四面各绘一方佛赴会说法图。

密教造像中的明王、金刚形象也有诸多独特之处，这些形象多呈现忿怒相，或多首多臂，手中执持金刚杵、金刚索、宝棒、利

第一章 神秘的佛教宗派——密教

剑、三叉戟等法器。

另外，藏传密教的形象也表现出与汉传密教的差异。尊奉的佛、菩萨、护法神等各类尊像比汉密大大增加，达到千种之多，形象更加突出忿怒、怪诞和神秘，给人一种震撼力和狞厉之美。

知识库

★ 羯摩杵

又称交杵，为金刚杵的一种，金刚杵是佛教的法器，原为古印度的兵器，后演变成为印度教雨神因陀罗的象征。在密教中表示坚利之智，具有斩断烦恼、降伏恶魔的神力，又是大日如来金刚智的象征，在密教中有极重要的地位。密教举行仪式时，金刚杵与金刚铃常相对成组出现，在壁画中亦如是。若羯摩杵出现在主室顶部最重要的中心位置，则代表大日如来金刚智占据了中心位置，证实密教地位的显要、尊贵。

1-6-5 交杵 ▼
由金刚杵十字交叉汇编而成，又称羯摩杵，象征诸佛本具的作业智。藻井画交杵，既是一种装饰图案，又具佛理意义。敦煌石窟早在中唐时期就出现了交杵，并一直延续使用到西夏。
宋　莫高窟289窟　窟顶顶心

| 神秘的密教 |

7·遥远印度的密教是如何传入中国的?

明清以前的中国一直都是开放而包容的,特别是西汉丝绸之路开通之后,更是积极发展与周边民族及世界各国的贸易与交往,并对各种外来文化采取兼容并蓄的宽容态度。因而许多外来文化在中国留下了印记,有些甚至对整个中华民族造成了深远的影响,佛教便是其中重要的一支。

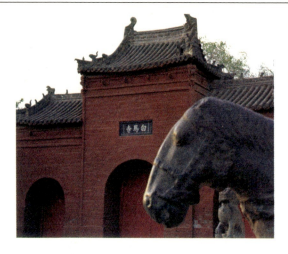

1-7-2 白马寺

东汉永平十一年(公元68年),明帝在都城洛阳建立了中国第一座佛寺——白马寺。该寺曾多次毁建,现存建筑重建于明嘉靖三十年(1556年),清代以后多次修葺。现占地面积约4万平方米。平面呈长方形,主要建筑有天王殿、大佛殿、大雄殿、接引殿、清凉台和毗卢阁等。

(田村摄)

1-7-1 印度桑奇大塔北门
公元前1世纪末~公元1世纪初
大门总高1035厘米,门上布满石刻佛教故事。它创造性地将佛教题材以独特的讲述故事的方式表达出来,其艺术形式深入浅出,成为佛教传播的最佳方式,由此深刻影响了异域佛教在中国的传播。

佛教最早是沿着丝绸之路传入中国的。东汉时期便建立了中国最早的佛教寺院——白马寺。作为佛教的重要支派,密教在印度出现不久,即公元2世纪后半叶,随着大乘佛教陆续传入中国。据研究,传入中国的路线有三条:一条是从陆路经中亚沿丝绸之路传入汉地;一条是由印度经尼泊尔翻越喜马拉雅山脉传入西藏;一条是由印度阿萨姆通过缅甸,再由缅甸进入云南大理地区(另一说是从西藏地区直接传入云南大理地区)。

据史籍记载,东汉献帝末年,大月氏后裔支谦即翻译了《无量门微密持经》、《佛说华积陀罗尼神咒经》、《佛说持句神咒经》、《七佛神咒经》、《八吉祥神咒经》

第一章 神秘的佛教宗派——密教

等密教经典。但在前期，只能算是零散的传播，并未形成规模。直到盛唐时期，在皇帝的倡导下，才开始在中国完整而系统的传播开来。这一时期的人们广译经典，推广佛法，从此使密教遍及大江南北，大行其道。

密教在其传播过程中，并非只是单方面的传授者，同时也被传播地区的文化和信仰所影响。这些地域性的内容不断被吸收进密教的体系之中，因而其自身也随着传播的广泛与深入而发生着相应的变化。在向中国传播的过程中，由于经过中国化的改造和各地域化的发展，传入中国的所谓"杂密"比印度的"杂密"更杂，而来自印度的所谓"纯密"也已经不纯。如在汉地传播的密教，汲取了许多传统汉文化成分，形成带有明显汉文化色彩的汉密；在西藏地区传播的密教，与当地的原始宗教和民间信仰相结合形成了藏密；在云南大理地区传播的密教则与当地众多少数民族的民间信仰融合在一起，形成了滇密。就这样，在经过漫长的岁月之后，密教终于在中华大地上扎下了根，但就其本身而言，却也已不再是当初纯粹的密教了。

1-7-3　大昭寺 ▼
大昭寺位于西藏自治区拉萨市，是藏传佛教寺庙。始建于7世纪中叶，现存建筑为11世纪后陆续建成。总建筑面积25000多平方米。坐西朝东，分为前庭、主殿和拉章（活佛公署）三部分。　　　　（田村摄）

| 神秘的密教 |

1-7-4 石刻绿度母
高82厘米 宽40厘米
藏于西藏桑耶寺内
桑耶寺建于公元8世纪中叶的吐蕃时期，是藏传佛教"前弘期"的主道场，后成为藏密宁玛派的主寺和"后弘期"的中心寺院。绿度母是藏传密教的主尊之一。此尊石雕造像，半跏趺坐于宝座之上，有头光、背光。左手持花，右手结印契。造像色彩鲜艳。

1-7-5 金观音像
宋
通高28厘米 重1115克
1978年发现于大理崇圣寺三塔塔顶
现藏云南省博物馆
高发髻，戴化佛冠，其面作女相，手结妙音天印，下着裙，束花形腰带，赤足。银质背光，呈舟形，饰莲花、优罗钵花及火焰纹。造型与南诏"中兴图卷"相同，谓"阿嵯耶"观音，是密教传入云南最早的偶像之一。

敦煌作为丝绸之路上的重要文化中转站，见证了密教传入中国的过程。早期密教的零星传播并未产生多大影响，因此敦煌石窟中也没有相关的记录或形象。随着密教的进一步传播，敦煌石窟中逐渐有密教画面出现，但种类较为单一，且只是被安置在不起眼的角落，作为它者的陪衬。至密教开始盛行的唐代，尤其是盛唐时期，敦煌石窟中密教题材明显增多，经统计，这一时期有密教遗迹的洞窟28个，题材16种，密教形象画58幅，远远多于前代。

1-7-6 西藏大昭寺藏鎏金十一面观音
十一面分五层排列，有八只主臂，中间两手合什，其余结不同的手印，持各种法器，身后的千手千眼呈扇形。　　　　　　　　　　（田村摄）

| 神秘的密教 |

8·印度波罗密教在中国留下了哪些印记？

在印度史上，波罗王朝是一个不太有名的小王朝，大约存在了四百年，至12世纪中叶灭亡。但其历代君主均崇信佛法，第一代君主瞿波罗在摩揭陀建立了欧丹多富梨寺（有称飞行寺）(Odantpuri)，据说西藏桑耶寺即仿造它建立。此后的达摩波罗在摩揭陀建立了超戒寺(Vikramasila)，该寺规模比著名的那烂陀寺还大，僧尼人数亦多，在印度佛教史上首屈一指。当时以那烂陀寺、欧丹多富梨寺和超戒寺这三个寺院为中心的印度佛教教义，全以密教为主。特别是超戒寺，是印度佛教最后的据点。

印度波罗王朝信仰的密教何时传入中国，因无文字记载而不详。但从中唐榆林窟25窟出现的具有印度波罗密教艺术风格的壁画分析，至迟在公元9世纪中叶以前的吐蕃王朝时期，这一支密教已经传入西藏，并由西藏传入敦煌。传入敦煌的印度波罗密教艺术风格，体现在绘制的人物形象"曲发披肩，袒胸露背，斜披天衣，着紧身透体长裤，钏环佩饰华丽"上。这种风格的艺术形象自中唐出现以后，经晚唐、五代、西夏，一直延续到元代。

在中唐榆林窟25窟的东壁的毗卢遮那佛与八大菩萨曼荼罗中，主尊毗卢遮那佛着菩萨装，梳高髻，戴宝冠，曲发披肩，裸上身着胸饰，斜披天衣，穿紧身长裤，衣饰华贵，是敦煌石窟首次出现的带有浓郁波罗密教风格的作品。

无独有偶，在藏经洞内亦有多幅中唐时期绢画，如《胎藏大日八大菩像》、《莲花部八尊曼荼罗》、《不空罥索五尊曼荼罗》、《不空罥索五尊曼荼罗》绢画等，同样具有印度

1-8-1　毗卢遮那佛
作菩萨形，宝冠巍峨，宝髻高耸，项饰重环，曲发披肩，注目内视，庄严沉静。双手重叠置于脐下，结跏趺坐于莲花座上。人体比例匀称，肌肉丰满，是这一时期敦煌首次出现的印度波罗密教风格的作品，具有非常重要的意义。
中唐　榆林窟25窟　东壁

第一章 神秘的佛教宗派——密教

波罗密教艺术风格，反映了这种外来的印度波罗密教艺术在敦煌地区已有传播之势。值得一提的是，从敦煌石窟现存遗迹看，不同时期波罗密教艺术传播途径有所不同。中唐时期的波罗密教艺术风格（如榆林窟25窟）由西藏传入；晚唐（如莫高窟14窟）、五代、宋（如莫高窟天王堂、榆林窟20窟、莫高窟76窟东壁南侧壁画的降生塔和初转法轮塔等）的波罗密教艺术，有学者认为是从中亚传入的，因为这一时期敦煌与吐蕃关系紧张，密教原来的传播途径中断，从中亚开辟了新途径；到西夏（如东千佛洞2窟）、元代（如莫高窟465窟），波罗密教艺术又恢复了从西藏传入的途径。

1-8-3 金刚涂菩萨 ▼
菩萨手托海螺，身披璎珞，侧身跪于莲花座上。
五代　榆林窟20窟　东壁南侧

1-8-2 毗卢遮那佛与八大菩萨曼荼罗 ▲
毗卢遮那佛是密教的最高尊神，位于曼荼罗中央，戴宝冠，曲发披肩，天衣斜披，着短裙和紧身透体长裤，双手结禅定印。两侧有八大菩萨：金刚香、金刚花、金刚灯、金刚涂、文殊、普贤、虚空藏菩萨，另一菩萨因壁面毁坏而不详。此曼荼罗构图规整，人物形象优美，具有印度波罗密教艺术风格。
五代　榆林窟20窟　东壁南侧

1-8-4 金刚母曼荼罗供养菩萨　（见48页图）
菩萨戴花钿宝冠，花钿长眉，身饰璎珞、臂钏、手镯、足钏等。上身袒露，着透明的小团华纱罗裙。右手持莲花，莲花上有"卐"字印。菩萨佩饰华丽，是一幅具有印度波罗密教艺术风格的壁画佳作。
晚唐　莫高窟14窟　南壁西侧

1-8-5 金刚萨埵菩萨　（见49页图）
菩萨戴宝冠，无化佛，浓眉秀眼，高鼻，曲发披肩，双手各持一金刚杵，有椭圆形头光和背光。形象优美，有典型的印度波罗密教艺术风格。
西夏　东千佛洞2窟　东壁门南

| 神秘的密教 |

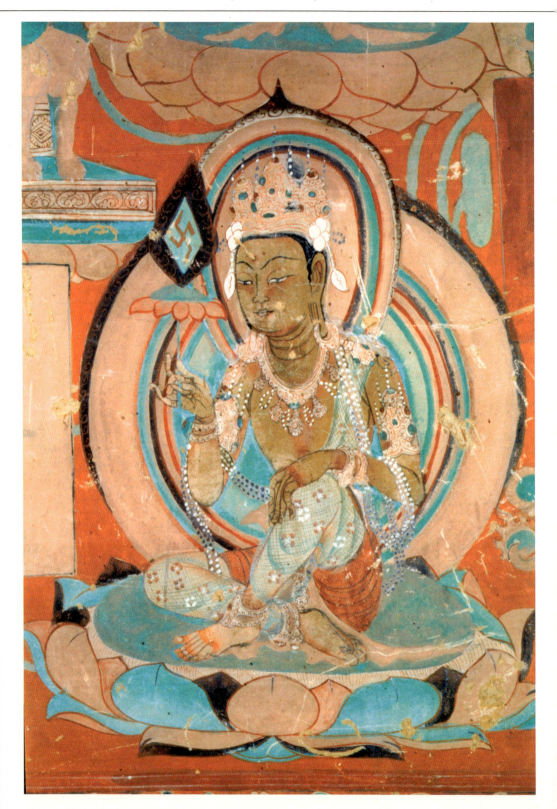

| 神秘的密教 |

9·中国密教有几大分支？

中国是一个地域广大、民族众多的国家。中华文化博大精深，且自始便具有兼容并蓄的特点，积极吸收外来文化，如赵武灵王胡服骑射、印度佛教的传入，以至西域歌舞的传入等都是具体的实例。但在吸收的同时，中华文化也在潜移默化中影响着这些外来文化，使它们在向中国传播的过程中也经历着中国化的改造。作为佛教的重要支派，密教也经历了同样的过程。

密教传入时，由于传播路径的不同和所传区域间的差异，形成了三大分支，即汉密、藏密和滇密。

汉密是汉传密教的简称，即在汉族居住区或有汉族杂居的地域内传播的密教，属于汉语系的密教。这一支密教传入很早，大约在公元2世纪后半叶，从陆路经中亚沿丝绸

1-9-1 马头明王

马头明王是汉密中常见的形象。为示现忿怒、威猛状的诸神、菩萨，统称为明王，取以"智慧之光明破除愚痴烦恼业障"之意。密教认为佛可以显现三身，其中教令轮身是为了教化受到魔障遮蔽的众生而变化的，因此显现忿怒形，以喝醒或吓退魔障。此图中马头明王头顶现白马，呈忿怒相。有六臂，分持金刚轮、宝棒、念珠，二手合掌，一手结手印。其右下角为猪头人身的毗那勒迦。

晚唐　莫高窟14窟　南壁

1-9-2　鎏金錾刻文殊菩萨造像
唐
1987年法门寺地宫出土
现藏法门寺地宫博物馆
图中文殊菩萨坐于狮子所驮的莲座之上，胸前两手合十，有头光和背光，两侧有众多胁侍，属于汉传密教题材。

| 第一章 神秘的佛教宗派——密教 |

1-9-3 密教十大明王像
宋
四川大足宝顶山大佛湾
十大明王组像分布在一个龛内，均作半身像，威猛异常。
（田村摄）

之路传播而来。在传播过程中，与传统的汉文化相融合，经历了中国化的改造，形成了一个崭新的颇具特色的密教派别。汉密的影响颇为深远，除在中国盛行一时，影响人们的生活之外，日本的密教派别——东密和台密也是在其影响下才得以创立和发展的。

藏密是藏传佛教中密教的简称，即传入西藏的佛教密教。公元7世纪中叶，由印度经尼泊尔翻越喜马拉雅山脉直接传入西藏。传播过程中，密教与当地的原始宗教——苯教和民间信仰相融合，加入了一些地域性特点，如"鼓"原是苯教中的法器，后被藏密继承下来，成为藏传密教中的重要法器。这是一支既不同于印度佛教密教，又不同于汉传密教的密教分支。

滇密又称"阿阇梨（亦称阿叱力）教"，是传入中国云南大理地区的印度佛教密教。约在唐初，从印度经缅甸传入中国云南大理地区（另一说是从西藏地区直接传入云南大理地区）。传播过程中，与当地白族、彝族、怒族、傈僳族的民间宗教相融合，吸收了这些民族的一些神祇、礼仪、巫术，并深受儒家思想影响，形成以大理一带为中心的密教传承系统，与印度佛教密教、

| 神秘的密教 |

1-9-4　寂静四十二尊曼荼罗绢画
唐
纵67.2厘米　横68厘米
敦煌藏经洞出土
现藏法国吉美博物馆

此图是在吐蕃密教经典《秘密集会》的五佛、四佛母、四忿怒尊体系的基础上发展而成。中央是阿閦如来（或金刚萨埵），上下左右分别是毗卢遮那、宝生、阿弥陀和不空成就四佛，旁边是佛母。四角分别有八大菩萨、八供养菩萨、四忿怒尊和四忿怒妃等。它是吐蕃密教的早期作品，其内容与后世藏密中之宁玛派所传《初会金刚顶经》中"寂静四十二尊"有渊源关系。

汉传密教、藏传密教均有所区别。

汉密、藏密、滇密作为中国密教的三大分支，构成了中国密教的庞大体系。在印度密教传入中国的过程中，分别以不同的地域特点对其进行了中国化的改造，实现了密教的本土化，赋予了密教无限生机，使其得以在中国大地上蓬勃发展起来，并产生了深远的影响。如藏传密教，至今仍具有旺盛的生命力，在藏族居住地区、内地，甚至世界的很多地方都发挥着重要作用。

1-9-5　宋代大理明王堂密教造像
弘传于云南大理的佛教属于滇密，在大理地区留下了不少密教题材的内容。此窟是密教造像的集中反映。窟内正中雕一佛二菩萨像，两侧各列四个明王，边像立二金刚力士像，八大明王均多头多臂，半跏趺坐，火焰背光。各像均有题名。

| 第一章 神秘的佛教宗派——密教 |

10·汉传密教与藏传密教有什么异同？

自公元2世纪刚刚出现于印度时起，密教便开始陆续经中亚、沿丝绸之路传入中国。这一支密教主要在汉族或汉族杂居地区传播，传播过程中又与汉地文化相融合，进行了中国式的改造。

改造过程中，摒弃了一些原印度佛教密教中与中国人社会生活冲突很大的内容，又补充进诸多中国文化的因素。例如印度密教金刚乘无上瑜珈密中的"男女共修"、"乐空双运"思想和实践等，与汉地高度发达的封建伦理道德观念严重冲突，并和儒家所遵循的男尊女卑思想背道而驰，难以为汉地民众所接受，因而受到摒弃。而表示"你中有我，我中有你"观念的"金胎不二"、"金胎合曼"等，则作为新的内容被吸纳其中，形成一种具有汉地特色的新型密教派别，被称为"汉传密教"，简称"汉密"。

藏传密教与汉传密教同样源自印度密教，但两者之间却有着很大的不同。

在传入的时间上，藏传密教明显晚于汉传密教。据史料可知，佛教于公元7世纪中叶，由中原和尼泊尔传入吐蕃。而印度密教传入西藏的时间有两种说法：一种说法是在公元8世纪传入；另一种说法是公元11世纪传入。印度佛教的显教、密教在卫藏地区（指今西藏拉萨、日喀则及其附近地区，清代始称卫藏）传播的过程中，与当地原有的苯教融合，形成了藏传佛教。

藏传佛教简称藏密，但却不只限于密，它还兼容大乘和小乘佛教，且以大乘为主，大乘中又是显教和密教俱备，尤重密教。修习的经典以金刚乘无上瑜珈密为最高修行。藏传密教从修习的经典、仪轨，到组织形式，都保留了诸多苯教因素。对设坛、供养、诵咒、灌顶（入教或传法仪式）等，比汉传密教更加繁缛复杂，更加神秘而严格。藏传密教尊奉的佛、菩萨、护法神等各类尊像达到千种之多，人物形象和表情更加夸张，

1-10-1　印度密教四面十二臂神像 ▼
公元11世纪
造像以射箭姿势站立在二神身上。神像端在胸前的双手，作霹雳吼印。这是印度密教的典型神像之一。

| 神秘的密教 |

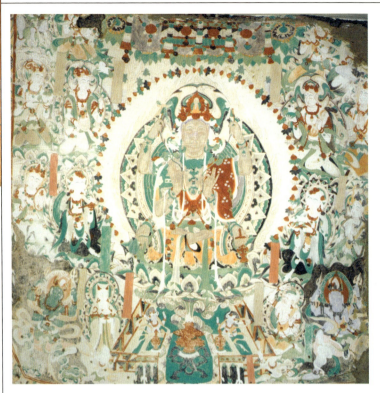

1-10-2 不空羂索观音经变
不空羂索观音经变是敦煌地区最受欢迎的汉密经变题材之一，数量众多，此幅便是其中的一幅。主尊戴化佛冠，肩披鹿皮衣，六臂，分别执持三叉戟、莲花、净瓶、柳枝。上有宝盖，下有水池。眷属十八身，其中有金刚香、金刚花、金刚灯菩萨、二龙王、婆薮仙、功德天、忿怒尊、毗那夜迦等。
五代　莫高窟205窟　前室窟顶

突出忿怒、怪诞、神秘的特征，强调狞厉之美，具有震撼人心的艺术效果。

另外，与汉密相比，藏密也较多地保留了原有印度密教的风貌。就修习方面而言，自13世纪初，佛教在印度泯灭之后，只有藏密保留了密教四部修习的完整形式。同时，以突出无上瑜珈密中的金刚界五方佛曼荼罗、"男女共修"、"乐空双运"理义的题材，也极其盛行。这在敦煌的藏传密教壁画和各种经文遗书中，都有所反映。

1-10-3 四臂吉祥天母
吉祥天母为藏密护法，呈忿怒相，戴五骷髅冠，火焰赤发，垂挂人头大璎珞，前两手持金刚杵和血碗，后两手举三叉戟和金刚剑。座下骡子披人皮奔走于血海中。整幅图表现出一种狞厉之美。
元　莫高窟465窟　东壁门南

1-10-4 金刚亥母头部特写

金刚亥母为藏传佛教密教本尊神，头现猪形。图中金刚亥母右脸旁出一猪头，形象怪诞、生动，迥异于汉传密教的风格。

元　莫高窟465窟　西壁北

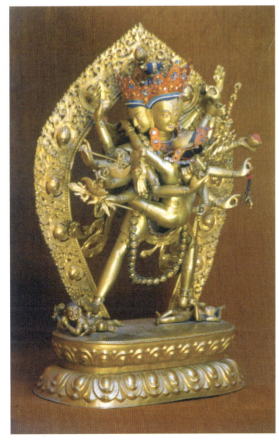

1-10-5 藏传密教胜乐金刚

清

高94.5厘米

现藏西藏拉萨罗布林卡

胜乐金刚为藏于佛教格鲁派修无上瑜伽密母续的本尊之首。四头，每头皆有三眼，十二臂，两足，弓步，拥抱明妃金刚亥母。

（田村摄）

11·高僧玄奘信仰密教吗?

玄奘是中国历史上有名的高僧,也是唐初最为著名的译经大师。另有菩提流志和义净等高僧也是译经大师。据《开元释教录》记载,从唐高宗显庆元年(公元656年)至唐中宗景龙三年(公元709年),玄奘、菩提流志、义净等高僧新译或重译了大量典籍。

玄奘,中国佛教四大译经家之一。通称"三藏法师",俗称"唐僧"。本姓陈,名袆,洛州缑氏(今河南偃师缑氏镇)人。幼时出家,参学众经,后西去印度求学佛法。史书记载,玄奘西行求法,"所闻所履,百又三十八国",带回大小乘佛经律论共五百二十夹,六百五十七部。贞观十九年(公元645年)玄奘归来,受到唐廷的隆重欢迎,并即受太宗召见。唐太宗在西安慈恩寺为玄奘组织了三千人的译场。玄奘便从贞观十九年(公元645年)开始,进行译经活动。此后二十年间,玄奘先后译出了大小乘经论七十五部,一千三百三十五卷,其中主要有《大般若经》、《大菩萨藏经》、《解深密经》、《瑜伽师地论》、《大毗婆沙论》等。在玄奘所译的

1-11-1 西安大雁塔

大雁塔全称慈恩寺大雁塔。玄奘曾为慈恩寺住持,为保护由印度带回的经籍,由唐高宗资助,于永徽三年(公元652年)在寺内西院修建此塔。武周长安年间曾重建。现存塔平面呈四方形,七层,总高64米。

| 第一章 神秘的佛教宗派——密教 |

经典中,也有密教典籍的存在,如著名的《不空羂索神咒心经》、《十一面神咒心经》、《诸佛经陀罗尼经》、《六门陀罗尼经》等,且很多在敦煌石窟中留下了印记,如位于莫高窟148窟北壁的不空羂索观音龛,就是依据玄奘所译的《不空羂索神咒心经》绘画和彩塑的;而敦煌初唐时期的十一面观音,大致上都是依据玄奘所译的《十一面神咒心经》绘制的。

菩提流志,南天竺国人。梵文名Bodhiruci,意译"觉爱"。原名"达摩流之"(Dharmaruci),意译"法希",武则天为其改名"菩提流志"。幼年外道出家,后皈依佛教。其后游历天竺各地,到处讲法。唐高宗遣使迎请,武周长寿二年(公元693年)到达洛阳。前后共译经五十三部,一百一十一卷。菩提流志译经的一部分属密教典籍,著名的如《不空羂索神变真言经》、《如意轮陀罗尼经》、《千手千眼观世音菩萨姥陀罗尼身经》、《五佛顶三昧陀罗尼经》等。其中,敦煌最早的如意轮观音龛——莫高窟148窟南壁的如意轮观音龛便以他所译的《如意轮陀罗尼经》为蓝本绘画和彩塑而成。

义净,中国佛教四大译经家之一。俗姓

1-11-2 如意轮观音经变(局部)
如意轮观音龛屏风画的一部分,图解《如意轮陀罗尼经·破业障品第二》。观自在菩萨高坐在重层莲花座上,五俗人合掌,似在诵持如意轮陀罗尼咒。
盛唐　莫高窟148窟　南壁龛西侧

张,齐州(山东济南)人,一说范阳(今北京城西南)人。年少出家,后西行印度求法,历时二十多年,游历三十余国。武周证圣元年(公元695年)携梵本经、律、论约四百部回到洛阳,女皇武则天亲往迎之。旋即从事

神秘的密教

1-11-3 水月观音

观音菩萨为摄化不同类众生而示现三十三种形象，水月观音即为其一。图中上有云天弯月，下有碧水莲花，在峭崖修竹中，观音菩萨装，倚岩舒腿而坐，凝思远望。前置净瓶、柳枝。身光透明，如镜中显影。观音正前方——善财童子腾云驾雾而来，双手合十，向观音致礼。画面下方是唐僧取经图，描述了唐僧西去求经学法的故事。整幅画面构图谨严，意境优美。

译经，共译典籍六十一部，二百三十九卷。其所译经论中不乏密教典籍，且数量超过了前代，是当时译出密教经典最多的一位。所译密经有《观自在菩萨如意心陀罗尼经》、《称赞如来功德神咒经》、《佛说大孔雀咒

第一章 神秘的佛教宗派——密教

王经》、《曼殊室利菩萨咒藏中一字咒王经》等十余部。

1-11-4 唐僧取经图
此图位于普贤变主尊东侧，唐僧双手合十，虔诚谒拜，猴行者也向普贤致礼。
元　榆林窟3窟　西壁

| 神秘的密教 |

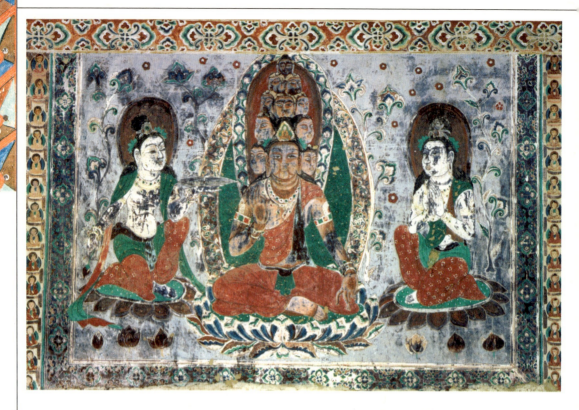

1-11-5 十一面观音经变

此图大致依据玄奘所译《十一面神咒心经》绘制。观音的十一面叠头如塔，头光和背光均呈椭圆形。两侧各有一身菩萨单腿跪向主尊，虔诚供养。左侧一身合掌，右侧一身左手托盘，右手持花蕾。主尊和供养菩萨两侧的空间衬以花枝，有很强的装饰效果。

初唐　莫高窟334窟　　东壁门上

 敦煌之最

★ **敦煌壁画中最早的唐僧取经图**

玄奘历尽千难万险、西行求法的精神历来备受人们的敬重，唐僧取经的故事更是流传已久，特别是中国古代四大名著之一——明代吴承恩《西游记》的完成，更使其中外驰名、妇孺皆知。敦煌石窟中以这一故事为素材的壁画共有6幅，其中时代最早、保存最完整的是榆林窟2窟《水月观音》和榆林窟3窟《普贤变》中的《唐僧取经图》。《水月观音》绘在2窟西壁北侧，图中画面下方，唐玄奘合掌遥礼观音，猴行者位于唐僧身后，一手牵马，一手搭前额，远眺观音，并不施礼。马背上并无经卷，似在西去途中。《普贤变》绘在3窟西壁南侧，画面中普贤东侧，山崖之上，唐僧身披袈裟，双手合十，虔诚谒拜。猴行者亦双手合十，向普贤致礼。师徒身后白马背驮经书，似在东归路上。

第一章 神秘的佛教宗派——密教

12·中国密教是如何发展壮大的？

密教在中国的发展经历了漫长的过程。长期以来，中国和日本的学术界将这个过程以密教的杂、纯为依据进行划分。所谓杂密是指《金刚顶经》和《大日经》两部密教经典未流传之前，由释迦佛公开弘扬的佛教经典各部中的密法、陀罗尼密咒、仪轨等。所谓纯密是指由胎藏界、金刚界两部大法及公元8世纪由开元三大士善无畏、金刚智、不空所传《大日经》、《金刚顶经》等系统化的密教。密教视宇宙一切皆为大日如来所显现，将表现其智德方面的称为金刚界，喻如来之智德，像金刚宝石般坚固，不为一切外物所坏；将表现其理性方面的称为胎藏界，喻其理性存在于一切之内，犹如胎儿在母胎内。

1-12-1　日本留学僧空海纪念碑
此碑位于陕西西安南郊祭台村的青龙寺遗址。青龙寺原是唐长安城内著名的寺院之一。高僧道世、道氤、法朗、释光仪、昙璧、义操等皆出于此寺。先后在该寺求法的日本留学僧有空海、圆行、圆仁、圆珍、慧远、圆载、宗睿等人。该寺可谓是日本真言宗的发源地。

金、胎二界摄宇宙万有，因而金刚界和胎藏界也便成为密教的两部根本大法。

根据杂、纯的划分标准，早期密教属于杂密。这一密法系统，于公元2世纪后半叶

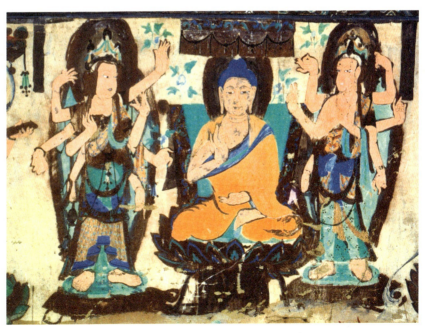

1-12-2　八臂观音
两尊八臂观音作为佛的胁侍而出现，戴宝冠，冠无化佛，站立于莲花上。位于佛左侧的观音，右手或上抬，或斜伸，或置于胸前，或持净瓶，左四手上举、上抬、斜伸、下垂。佛右侧的观音不持物，两手合掌，其它的手或上举，或上抬，或下垂。从绘画技巧而言，线条显得生硬，绘制水平欠佳，表现了密教在当时不甚繁荣的发展状况。
初唐　莫高窟341窟东壁门上

神秘的密教

传入中国汉地后被称为释迦杂咒。三国时期，之谦在吴地翻译的一系列密教经典便属此类。这一时期的密教主要在民间流传，并未形成规模，影响有限。如敦煌石窟中直到隋代才有密教题材和形象出现，且多处于洞窟的角落，显然不受重视。

中期密教属于纯密。这一系统包括中国僧人一行、惠果继承而发扬的汉密，以及公元9世纪由日本僧人空海、最澄在日本所创立的东密和台密，时间大约在公元7世纪中叶开始。这一时期，密教开始受到统治者的重视，在皇帝的推动下，开元三大士在中国大规模地翻译经典、宣扬佛法，开始了密教在中国系统化的传播，且快速传至大江南北，影响遍及全国。

晚期密教亦属纯密，指印度金刚乘、时轮乘密教以及由莲花生★将其传入西藏后与苯教相结合形成的藏密，时间大约在公元8世纪以后。藏密在中国兴起较晚，开始也只限于西藏地区，西夏时期才在敦煌地区兴起。藏密虽然兴起较晚，但发展迅速，很快

1-12-3　救劫难 ▼
图中几名深目高鼻、或戴颤帽、或以巾缠头、或一头卷发、或满面虬髯、或仅有髭须的胡商，路遇持刀强盗，表情各不相同。但因其中有人祈祷观音而平安无事，表现了信仰密教观音的好处。
盛唐　莫高窟45窟　南壁

第一章 神秘的佛教宗派——密教

1-12-4 千手千眼观音经变 ▲
千手千眼观音是密教的传统题材，图中主尊戴宝冠，冠中的化佛构思巧妙，其实是观音高举于头上的化佛手所托化佛。主尊四十只大手，执持法器、宝物或结手印。还有众多小手环绕。手中各有一眼。眷属较少，有日光菩萨、月光菩萨、二龙王、二忿怒尊等。
中唐　莫高窟176窟　东壁门上

1-12-5 金刚剑菩萨 ▲
金刚剑菩萨是密教经变、曼荼罗中常见的胁侍菩萨。图中菩萨戴宝冠，右手持剑，左手托竖立金刚杵，结跏趺坐于莲花座上。榜题"南无大悲观世音菩萨"，但从菩萨手持宝剑分析，榜题可能有误。
五代　榆林窟16窟　西壁门上南侧

便繁盛起来。元朝时，藏窟由于皇帝的推崇达到鼎盛，并在明清继续流行。时至今日，已遍及世界，影响相当广泛。

但有些学者认为以杂、纯来划分密教派别既不准确，又不科学，认为密教与佛教其它派别一样，也有一个发生、发展和演变的历史过程，并将其分为四期。

第一期为原始密教，即陀罗尼密教，至迟出现于公元3世纪初。

第二期为早期密教，即持明密教，出现于公元4～5世纪。

第三期为中期密教，即以《大日经》和《金刚顶经》为代表的真言乘和金刚乘密教，出现于公元7～8世纪。

第四期为晚期密教，即无上瑜珈密教，又称大瑜珈密教，是金刚乘发展到鼎盛时期而出现的一种支派，出现于公元9世纪。

| 神秘的密教 |

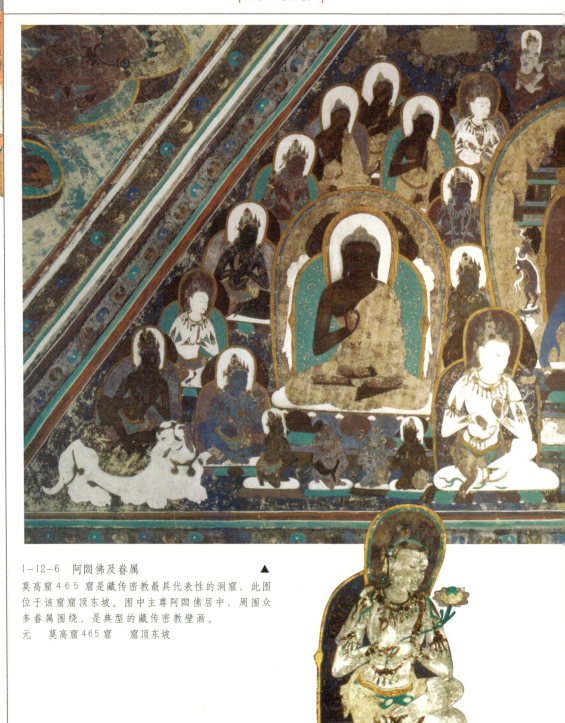

1-12-6 阿閦佛及眷属
莫高窟465窟是藏传密教最具代表性的洞窟，此图位于该窟窟顶东坡。图中主尊阿閦佛居中，周围众多眷属围绕，是典型的藏传密教壁画。
元　莫高窟465窟　窟顶东坡

第一章 神秘的佛教宗派——密教

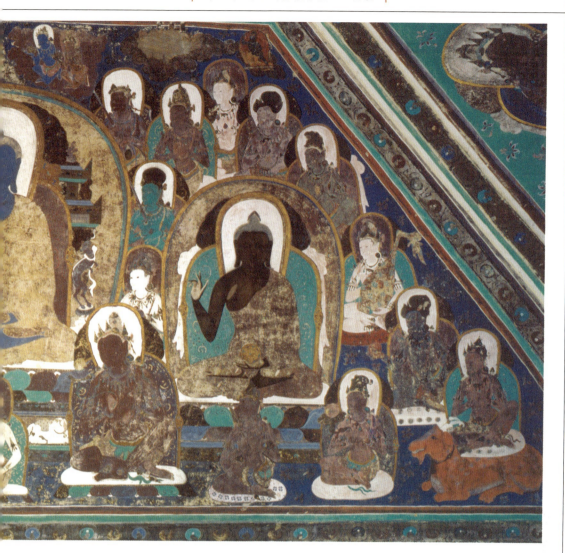

知识库

★ 莲花生

藏文 bad-ma-vbyang-gnas，梵文 Padmasambhava，亦称"乌金大师"。8世纪印度僧人，出身乌仗那国王族。初名"莲花光明"，因通晓声明及各种明处，又得名"莲花金刚"，属印度"因陀罗部底"系的密教传承。他周游印度，广访密法大师，成为佛吉祥智门下证得现法涅槃的弟子，并向吉祥师子学大圆满法。不久，莲花生又到中国五台山学习天文历数，因而其所传佛法中带有很浓厚的汉地禅宗色彩。后应吐蕃赞普赤松德赞（公元742—797年）之请入藏传播密法，利用密宗法术战胜苯教巫师，使佛教在西藏站稳了脚跟，并同寂护一起建造桑耶寺，广泛译经、传法。后世藏传佛教宁玛派尊其为"祖师"。

| 神秘的密教 |

13·舶来的密教怎样与中国传统文化融合？

为了扎根在中国这片广阔的异域国土上，密教同佛教的其它宗派一样，它在中国的传播也经历不断中国化、世俗化和自我完善的历程。

为了能够更快地融入中国社会，密教传入之初即进行了适当的自身调整。在内容上，密教摒弃了一些原来印度密教与中国社会冲突很大的内容。如"乐空双运"本是密教无上瑜伽密男女合体的特别修行法。其"理论"依据来自《大日经》和金刚乘的基本经典——《金刚顶经》。为"男女和合之大定"，"以欲制欲"，从而达到"自性净"。又如密教有"欲钩"之语，意即菩萨以爱欲牵人遂济度之。密教讲"以方便（悲）为父，以般若

1-13-1 杨柳枝观音
戴化佛冠，左手提净瓶，右手持柳枝，结跏趺坐于莲花座上。构图主要用墨线与赭红线，缺乏笔力。
宋　莫高窟449窟　西壁龛北侧帐扉顶

1-13-2 折芦描的例子——千手千眼观音的衣袍
这是千手千眼观音下身的衣袍特写，转折处顿挫明显。
元　莫高窟3窟　南壁

66

第一章 神秘的佛教宗派——密教

（慧）为母",并以明王、明妃拥抱交合象征"悲智和合"。在密教经典中,女性作为供养物出现,以爱欲供奉强暴的神魔,感化他们,将其引到佛境中来。但因宣扬性欲的做法严重违背了中国传统的伦理道德,故在汉地流传之初便被剔除出去。

在题材方面,密教大量注入了中国传统风俗的因素。例如密教题材的杨柳枝观音,属于三十三观音之一。观世音是最受中国民众欢迎的菩萨,唐宋时期便已深入人心。杨柳枝观音便是画师汇集了中国的民间传说创造出来的观音新形象。其信仰或源于古印度,据说为了避免病魔,信仰者将柳枝和净水献给观世音像,祈求排除魔难,保佑平安。此后,观世音救苦救难的《六字咒王经》等神咒传播开来,杨柳枝观音新形象也产生了,并进入密教神祇的行列中。杨柳枝观音的形象在宋代的敦煌洞窟中较为多见,如宋代莫高窟449窟的杨柳枝观音,戴化佛冠,左手提净瓶,右手持柳枝,结跏趺坐于莲花座上,左右各有一供养菩萨。

在密教经变的绘制上,也深受中国传统文化的影响。中国古人认为月亮是清冷的,故常用白色代表,而嫦娥奔月后所居之地更被称为"广寒宫";桂树也是中国古代神话中月亮的代表;相传吴刚便被罚在月亮上砍伐桂树。而且晚唐莫高窟145窟如意轮观音经变的眷属中,月光菩萨用白色月轮、月牙及桂树代表,显然与这一传统文化内容有着密切的关系。

同时密教也吸收了很多中国传统的创作方法,如元代莫高窟3窟的两幅千手千眼观音经变,在绘制时使用了中国画史上所涉及的铁线描、折芦描、兰叶描、游丝描、丁头鼠尾描、行云流水描等多种线描手法,刻画出不同质感,使形象真切感人,极富神韵。既绘制出了经典的密教形象,又显示了中国绘画艺术的发展水平。

1-13-3 如意轮观音经变 ▼
此经变的主尊头戴化佛冠,有六臂。眷属中有用红色日轮代表的日光菩萨和用白色月轮及月牙、桂树代表的月光菩萨,具有浓郁的中国传统文化色彩。
晚唐　莫高窟145窟　东壁门北

14·中国最早的密教遗迹在哪里？

密教在中国的传播始于译经。据史籍记载，汉献帝末年大月氏后裔支谦便开始在江南吴地进行翻译，敦煌藏经洞中也藏有北朝时候的密教经典《大方等陀罗尼经》、《杂咒集》及《诸尊陀罗尼经》等。

相对于佛经，密教遗迹则出现较晚。目前发现最早的密教遗迹出现在敦煌隋代石窟中，但数量和题材均比较少。如莫高窟有隋代洞窟70个，存在密教遗迹的仅有284窟和305窟两个洞窟，题材也仅限于多臂菩萨和方坛二种。密教形象矮小、单一，构图简单，只是偏于一隅，尚未占据独尊地位。虽有主尊出现，也无眷属附从。显然还处于刚刚萌芽的原始阶段，但它们却是敦煌乃至中国汉地现存最早的密教形象和遗迹。

莫高窟284窟是隋代的一个方形小洞窟，位于西魏285窟前室西壁门南，面积较小，只有1.5平方米，高1.65米。密教菩萨位于窟顶西坡，是两身三面多臂的菩萨，每身通高仅0.23米。两身菩萨均已漫漶，其面相不清晰，宝冠中有无化佛、手中有无法器及有无结手印，情况均不详。

这两个密教菩萨出现于这个不引人注目的小洞窟内，而且与隋代敦煌石窟壁画所具

1-14-1　多臂菩萨

这二身密教菩萨，一身三面六臂，一身三面八臂。由于漫漶，宝冠中有无化佛，菩萨手中有无持法器及有无结手印，情况不详，其面相亦不清晰。虽绘制技巧欠佳，保存亦较差，但却是敦煌石窟保存至今最早的密教形象。

隋　莫高窟284窟　窟顶西坡

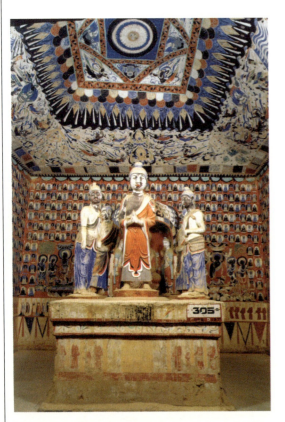

1-14-2　密教方坛

密教方坛位于后室正中，可绕坛观像，坛上现有一佛二菩萨二弟子像，为清代重塑。原来的布置景况已不可考。

隋　莫高窟305窟

有的"赋彩制形,皆创新意"、"迹简意淡而雅正"、"细密精致而臻丽"的画风相比,更是微不足道。且两身菩萨均未出现眷属,说明密教在当时的佛教中还不受重视,地位较为低微。

莫高窟305窟开凿于隋开皇五年(公元585年),是一个覆斗顶的方形佛殿窟。密教方坛位于该窟后室正中,方坛上现存清代塑像一组,原来布置的景况已无从查考。《狮子庄严王菩萨请问经》记载:"道场之处当设方坛,名曼荼罗,广狭随时"。据此推断,该方坛应为密教道场,如果推测不误,那此方坛便是中国现存最早的密教坛场遗迹。

这两个洞窟中的密教形象和方坛遗迹,虽然都还只是一些简单的安排,但作为中国最早的密教遗迹,却具有相当重要的意义。多臂菩萨的出现说明密教所特有的形象在当时已经产生,而其简陋、不受重视的状况,则反映了当时密教的发展状态。

1—14—3　散财观音石刻造像
宋
四川安岳卧佛院摩崖造像
四川安岳一带,是宋代汉密系统传播最盛的地区。此密教观音三头六臂,两手持法器,两手作法印,另有两手散洒铜钱,其下有两人仰望观音正在接收铜钱,表现了汉密系统世俗化的过程。　　(田村摄)

| 第二章 汉传密教在中国的传播 |

第二章 汉传密教在中国的传播

1·汉传密教的创始人是谁？

密教虽然很早就传入中国，但在早期并不为人所重视，仅限于民间性的零散传播。盛唐时期，密教受到皇室的重视，才为其在中国完整而系统的传播创造了条件。

开元年间（公元713～742年），三位密教传人——善无畏、金刚智、不空相继东来中国弘扬佛法。

善无畏，一称"净师子"，音译"戍婆揭罗僧诃"，亦译"输波迦罗"。本是中天竺人，释迦牟尼季父甘露饭王的后裔，曾为乌荼国国王，后于那烂陀寺学习密教，受灌顶，遵师命到中国弘扬佛法。唐开元四年（公元716年）来到长安，受到唐玄宗李隆基的礼遇，被尊为国师，设内道场，为皇族宁王、薛王灌顶受法。在长安期间，传播胎藏界密法，翻译《大毗卢遮那成佛神变加持经》（即《大日经》），为密教的发展奠定了基础。

金刚智，音译"跋日罗菩提"。本为中天竺摩赖耶国王子，自幼于那烂陀寺出家，修习经律，后前往南天竺学习密教经典，从此专心于密教。应南天竺国王之请到中国传佛。唐开元七年（公元719年）携弟子不空到达广州，次年到洛阳。入长安后被尊为国师，主要弘扬金刚界密法。翻译《金刚顶瑜伽中略出念诵法》等经典。所住之刹，必建曼荼罗道场。

不空，意译"不空金刚"的略称，音译"阿目佉跋折罗"。原籍北天竺，一说师子国（今斯里兰卡）。15岁出家，师事金刚智，

2-1-1 莲华部八尊曼荼罗绢画
唐
纵89.6厘米 横60厘米
现藏法国吉美博物馆
此画内容为胎藏界曼荼罗观音部诸尊，与善无畏、一行所译《大日经·秘密曼荼罗品》中的"莲华部别坛"诸尊相类同。图中央绘观世音菩萨，周围分别围绕大势至菩萨、毗俱胝观音、耶轮陀罗观音、不空羂索观音、马头观音、多罗观音、一髻罗刹观音。

| 神秘的密教 |

2-1-2 如意轮观音菩萨绢画
五代
纵71.5厘米 横60.7厘米
敦煌藏经洞出土
现藏法国吉美博物馆
此观音根据不空译《观自在如意轮菩萨瑜伽》绘制。画中央观音舒坐水池涌出的莲花上，戴化佛冠，头微倾作"愍念相"，六臂分别按光明山、持莲华、持轮宝、呈思惟相、捧如意宝、持罥索。周围环绕婆薮仙、功德天、明王像等。莫高窟自中唐以后多绘密教观音壁画，如意轮观音经变是主要题材。此图的构图与同期壁画相类。

第二章 汉传密教在中国的传播

并随同其到中国，参与译经，传播密法。金刚智死后，率弟子至师子国和天竺广求密法，传于中国。据《贞元释教录》记载，不空共译出密教经典111部，143卷，成为中国佛教史上四大译经家之一。设内道场，为唐玄宗、肃宗、代宗灌顶，成为三代帝师。

在三位高僧的努力之下，大量系统性的密教经典被翻译成汉文，在汉族居住区内流传，从而使密教更加广泛而系统的传播开来。再加上皇室的重视，密教从此遍及大江南北，影响日益扩大。而这三位密教大师也被人们尊称为"开元三大士"，成为中国完整而系统的汉传密教的创始人。

2-1-3 千手千钵文殊经变 ▲
敦煌的千手千钵文殊经变主要是依据不空所译《大乘瑜伽金刚性海曼殊室利千臂千钵大教王经》绘制的，但该经未列举画像法和坛法，故在绘制时又参考了不空译《金刚顶经瑜伽文殊师利菩萨法一品》中的相关内容。此图文殊戴化佛冠，手托宝钵，部分钵中有须弥山，山顶现释迦佛，结跏趺坐于莲花座上，下为须弥山。有眷属三十二身，画面上人物众多，疏密有致。
晚唐 莫高窟14窟 北壁

开元三大士汉译密教经典简表

译者	经典名称	简要内容	类别
善无畏、一行	大毗卢遮那成佛神变加持经（即大日经）	密教胎藏界根本经	经
善无畏	苏悉地经	密教三部经之一	经
善无畏	苏婆呼童子经	戒律之秘密要典	经
金刚智	金刚顶瑜珈中略出念诵法（即金刚顶经）	密教金刚界根本经	经
金刚智	千手千眼观自在菩萨广大圆满无碍大悲心陀罗尼咒本	陀罗尼咒本	经
不空	金刚顶瑜珈千手千眼观自在菩萨修行仪轨经	修行仪轨	仪轨
不空	十一面观自在菩萨心密言念诵仪轨经	念诵仪轨	仪轨
不空	大方广曼殊室利经	专讲曼殊室利	经典
不空	观自在菩萨如意轮念诵仪轨	专讲观自在菩萨如意轮	仪轨

2·为什么密教在盛唐壮大起来？

唐代是中国古代社会发展的高峰，经济繁荣、国力强盛，是当时世界上国力最强盛、文化最发达的国家。随着经济、文化的发展，佛教也进入了鼎盛时期，崇佛成为整个社会的风气。上至天子，下至平民百姓皆信奉佛教。如唐太宗就曾大力振兴佛教，贞观初年便建立译经场，进行翻译佛经的工作。并且自太宗始，唐朝皇帝曾先后七次迎法门寺"佛骨舍利"入京，进行大规模的祭祀、供养活动。《旧唐书·宪宗纪》记载，元和十四年（公元819年）宪宗迎佛骨入京，"王公、士庶竞相施舍，惟恐弗及。百姓有破产充施者，有烧顶、灼臂而求供养者"，反映了当时佛教之盛。

繁盛中的佛教，其各派均得到了很好的发展，密教当然也不例外。盛唐开元年间（公元713～742年），天竺三位密教传人——善无畏、金刚智、不空相继来到中国。他们先后汉译了密教胎藏界和密教金刚界的本经，还有多部密教经典和大量念诵仪轨，使密教开始了在中国完整而系统的传播。传法过程中，三人受到了唐朝皇帝的尊崇和厚待，金刚智被唐玄宗敕谥"国师"称号；不空亲自为唐代宗主持灌顶仪式。灌顶本为古代印度国王即位的仪式，国师用"四大海之水"浇灌在国王头顶，表示祝福。密教也仿效这种仪式，在为僧人嗣阿阇梨位（传法）时，设坛举行灌顶仪式。代宗受灌顶以后，为不空赐号"大广智三藏"，加封其为"肃国公"。

由于皇帝的亲力亲为，密教从此遍及大江南北，大行其道。尤其在都城长安一带，更是如日中天。如此盛况，本应有诸多密教

2-2-1 捧真身菩萨 ▶
唐
高38.5厘米 重1.926千克
1987年扶风法门寺地宫出土
现藏法门寺地宫博物馆
捧真身菩萨是法门寺地宫内最引人注目的供养器之一，是专为唐懿宗迎送佛骨舍利而铸造的。菩萨高髻，戴化佛冠，上身袒露，斜披帛巾，下身着裙，腕饰钏，垂挂珍珠璎珞。双手捧上置发愿文金匾的荷叶盘，蹲踞坐于莲花台座上，莲花台座顶部錾刻一圈梵文，四层莲瓣，上层莲瓣内錾饰菩萨和声闻伎乐像。中部錾刻四天王像，十分华美。金匾錾文记载为：唐懿宗咸通十二年（公元871年）敬造此尊供养菩萨。

第二章 汉传密教在中国的传播

2-2-2 八臂观音经变
此图是一幅精美的盛唐敦煌密教经变画。主尊戴化佛冠,八臂分别持斧钺、龙索、宝剑、金刚杵、梵夹、三叉戟、幢或结手印。有头光和背光,结跏趺坐在莲花座上。两侧分别有三菩萨一天王为眷属,菩萨分持花、梵夹、三叉戟、剑、涂香器,其中一个所持莲花上有日轮。构图严谨,人物刻画细腻。
盛唐　莫高窟148窟　南壁龛顶南坡

形象存世至今,但实际上现存盛唐密教形象寥寥。据调查统计,除敦煌石窟外,保留至今的密教形象仅有:西安唐代安国寺遗址出土的十尊不动明王石雕像;河南方城县千佛石窟保存的千手千眼观音;新疆库车库木吐拉石窟的三头八臂观音、大日如来、马头观音等。之所以会如此,据推测,可能是由历史上的多次灭佛或其它因素(如战争等)所造成的。

天宝十二三年(公元753、754年),不空三藏应河西节度使哥舒翰的邀请,亲自赴河西武威开元寺"请福疆场",传法译经。这次河西之行对敦煌密教的兴起和发展带来了深刻影响。目前发现,敦煌藏经洞所出唐代写经中,有大量密教经典,其中就有由不空在河西译著的《金刚峻经金刚顶一切如来深妙秘密金刚界大三昧耶修行四十九种坛法作用威仪法则》、《金刚顶经一切如来真实摄大乘现证大教王经深妙秘密金刚界大三昧修习瑜珈迎请仪》以及《大毗卢遮那金刚心地法门法界规则》等不见著录、又未流传到内地的密教经典和仪轨。

经典的传播为密教形象的产生创造了条件,各种新的密教形象以相关典籍为依据,在敦煌石窟中陆续出现,影响深远。如从中唐开始出现在敦煌的千手千钵文殊经变,主要都是按照不空翻译的《大乘瑜伽金刚性海曼殊室利千臂千钵大教王经》绘制的。

| 神秘的密教 |

3 · 盛唐时期的敦煌密教出现了哪些新形象？

盛唐时期，随着密教在全国范围内的兴起，敦煌石窟中也涌现了各种新题材和新形象。经统计，此一时期敦煌石窟中，有密教遗迹的洞窟共28个；题材16种，其中一大批是初唐时期所没有的；密教形象58幅，也远远多于前一时期。尤其是盛唐后期，敦煌石窟内密教形象骤然增多，并持续了相当长的时间。

这些新题材和新形象，包括千手千眼观音经变、如意轮观音经变、不空羂索观音经变、毗卢遮那佛、四臂观音、六臂飞天、毗沙门天王、毗琉璃天王、天王、观音经变、地藏菩萨、文殊变、普贤变等。其中最重要

第二章 汉传密教在中国的传播

的是毗卢遮那佛。

毗卢遮那佛，梵文Vairocana的音译，意译"光明遍照"，被密教视为"大日如来"，是释迦牟尼佛永恒不变的法身。密教认为其深奥秘密教旨传自大日如来，即毗卢遮那佛，因而被尊为密教的最高尊神，为密教尊奉的主要对象。在盛唐时期盛极一时，备受尊崇。虽然早在《阿含经》中已有毗卢遮那佛的名字，但用此佛取代释迦牟尼的地位，并作为理智不二的"法身佛"形象出现，则是《华严经》，该经云："无尽平等

2-3-1　三面四臂观音经变
主尊三面四臂，戴宝冠，主面头冠中有化佛。四臂或持三叉戟，或为火焰手，或持莲花，或结手印。有头光和背光，头顶上有宝盖，结跏趺坐在莲花座上。左右各有眷属四身，其中有手持风幡的风天神和手持竹杖的火天神。
盛唐　莫高窟148窟　　南壁龛顶西坡

| 神秘的密教 |

2-3-2 六臂飞天

在敦煌壁画中,二臂飞天比比皆是,但六臂的密教飞天却只有此例,极为珍贵。该飞天前两手拨弄琵琶,中间一手持横笛,一手摇摆铎铃,后两手高举头上击铙。飘带长曳,姿态潇洒,极富音乐韵味。

盛唐　莫高窟148窟　南壁龛顶

妙法界,悉皆充满如来身";"佛身充满诸法界,普现一切众生前。"因此,密教认为宇宙万物都是由大日如来所显现的,毗卢遮那佛不仅是宇宙万物的主宰,也统辖着整个佛教神界。

中国佛教称为四大菩萨之一的地藏菩萨,是梵文Ksitgavbha的意译。佛经中谓其"安忍不动犹如大地,静虑深密犹如地藏",故名地藏菩萨。据《宋高僧传》记载,佛灭度一千五百年,地藏菩萨降生于新罗国王族,姓金,名乔觉。唐玄宗时,他由新罗到中国九华山出家。他按照释迦牟尼佛所嘱,在释迦牟尼佛既灭、弥勒佛未生之前,自誓必尽度六道众生,拯救众生于苦难,始愿成佛。以后,九华山就成为他化身说法的道场。地藏菩萨在隋唐之际极受崇信,为三阶教所供奉,在盛唐及其以后归入金(金刚界)、胎(胎藏界)两部密法造像,成

第二章 汉传密教在中国的传播

2-3-3 观音经变
观音经变是盛唐时期出现的新题材。此为观音经变中的主尊，戴化佛冠，华丽璎珞钏环，左手于腹前提一净瓶，右手上举，结手印。其眉目慈悯，描绘精细。
盛唐　莫高窟45窟　南壁

| 神秘的密教 |

2-3-4 地藏菩萨
手托宝钵的药师佛居中，左侧为作沙门貌的地藏菩萨。这是作为密教的地藏菩萨首次出现于敦煌石窟。线描工整细腻，圆润有力。
盛唐　莫高窟176窟　北壁

为密教供奉神祇之一，亦成为密教题材常见的形象。

千手千眼观音是佛教六大观音之一，据智通译《千眼千臂观世音菩萨陀罗尼神咒经》序记载："千手千眼菩萨者，即观世音之变现，伏魔怨之神迹也。"观世音发誓要普渡一切众生，于是生出千手千眼，"千眼照见，千手护持"，还有"随诸众生类，执持杂宝物"的四十手法，随时随地满足芸芸众生的愿望和期盼。这一形象的出现，无疑是盛唐后期千手千眼观音信仰的具体反映。又由于供奉千手千眼观音可获得"无愿不果"等诸多功德利益，深受各阶层的欢迎。

另外，洞窟内出现的如意轮观音经变与不空羂索观音经变、文殊变与普贤变、毗沙门天王与毗琉璃天王对称的格局，也开创了敦煌石窟密教壁画和绢画中对称组合布局的先河。

2-3-5 普贤变
普贤以理性、普行著称，常乘坐白象。一般多绘画在洞窟内的两壁、窟门、帐门两侧，与文殊变对称，此幅普贤变为最早出现的密教普贤变之一，也是盛唐普贤变的经典之作。
盛唐　莫高窟172窟　东壁门南

4·为何称莫高窟148窟为盛唐的密教经典？

在敦煌石窟中，盛唐时期有关密教形象和题材的洞窟共28个，其中盛唐后期的莫高窟148窟被视为盛唐密教的经典洞窟。

该窟是一座大型卧佛窟，根据前室的碑文记载，凿于唐大历十一年(公元776年)。洞中以绘画和彩塑相结合，共包括两个完整的密教龛和三种不同的密教经变。

如意轮观音龛建于洞窟南壁，整个窟龛是《如意轮陀罗尼经》的图解，而又不完全拘泥于经文。此经是密教的重要经典，由唐代来自天竺的三藏菩提流志翻译。要内容是说佛在鸡喇斯山时，观自在菩萨向佛说：他有秘密如意轮陀罗尼，所求一切胜福事业，皆可如意成就。他承佛旨，为大众宣讲此陀罗尼神咒，及其功德、诵念、法印、坛法、供养法等。

全经共有十品，龛内现存屏风画八扇，每扇屏风都安排上下两个画面，旁有摘录经文的榜题。正壁的屏风画二扇，各以《序品》、《破业障品》为主题。由序品可见，观自在菩萨宣讲《如意轮陀罗尼经》，具有无比神力，天龙八部各宫殿和大地都在震动，魔众恐惧怖畏，诸天持香、花、璎珞、宝盖、天衣供养佛。在该龛东壁和西壁也有屏风画各三扇，均以"破业障品"为主题，表现观自在菩萨宣讲若持诵《如意轮陀罗

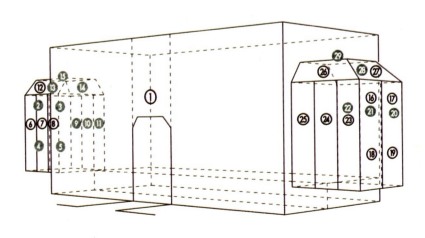

2-4-1 莫高窟148窟示意图
①千手千眼观音经变
南壁龛
②日光菩萨
③月光菩萨
④《如意轮陀罗尼经》序品第一
⑤《如意轮陀罗尼经》破业障品第二
⑥⑦⑧⑨⑩⑪《如意轮陀罗尼经》破业障品第二
⑫四臂观音经变
⑬八臂观音经变
⑭三面四臂观音经变
⑮六臂飞天
北壁龛
⑯日光菩萨
⑰月光菩萨
⑱⑲⑳㉑㉒㉓㉔㉕不空羂索神咒心经变
㉖㉗药王菩萨经变
㉘地藏菩萨经变
㉙欢喜摩尼宝胜经变

第二章 汉传密教在中国的传播

2-4-2 如意轮观音经变屏风画
如意轮观音龛的三幅屏风画，图解《如意轮陀罗尼经破业障品第二》。屏风画的上部逐一表现观自在菩萨无所不在，如在人前现身，使其所求愿望得以实现；或使人看见阿弥陀佛真身；或见观自在菩萨所住的普陀落山七宝宫殿等。屏风画的下部逐一表现若信持《如意轮陀罗尼经》，则能够抵御各种人祸、天祸、恶魔鬼怪等。上下画面内容相互呼应。
盛唐　莫高窟148窟　　南壁龛东壁

2-4-3 不空羂索观音经变屏风画
读诵不空羂索神咒、受持神咒、书写供养、为人赞说、令畜生听闻、书写并礼拜供养神咒心经、莲花供养、取药丸念咒等，可得到种种好处，此为不空羂索观音龛东壁绘的三幅屏风画。据残存的榜题，与莲花供养等有关。
盛唐　莫高窟148窟　　北壁龛东壁

尼经》，能够破除过去的一切罪恶和业障，成就一切功德的情景。每幅画面有榜题配合，使深奥难解的《如意轮陀罗尼经》深入民心，并大力渲染佛的神力。另外，该龛龛顶还绘制多臂观音变相多幅，也属于密教形象。顶部中央所绘壁画大部脱落，仅存一小部分，其中有一幅六臂飞天保存完好。

不空羂索观音龛位于洞窟北壁，主要依据玄奘所译密教重要经典《不空羂索神咒心经》绘画和彩塑，但不完全拘泥于经文。此经的主要内容是说佛在布恒落迦山观自在宫殿时，观自在菩萨在大众中向佛说，他在过去的九十一劫在世主王如来的处所，受持不空羂索神咒心，从此获得了种种功德，以及神咒持诵、观修、供养法等。

龛内原有不空羂索观音塑像，也已不存。现存的八扇屏风画，布局与南壁的如意轮观音龛相同。每扇屏风均安排上、下两幅画面，旁有榜题，摘录相关经文。主壁的两扇屏风表现自在天、大自在天等诸天神守护供养不空羂索神咒和持咒所获得的功德。左右六扇屏风画表现一系列的修持供养神咒之法，由此可以免除各种灾难或病痛，获得各种功德利益的场景。

这两个龛的全部内容，包括龛顶经变或尊像，均与密教有关，是敦煌石窟最早、也是唯一根据《如意轮陀罗尼经》绘塑的如意轮观音经变和根据《不空羂索神咒心经》绘塑的不空羂索观音经变。而这两个密教龛也是敦煌最早的完整密教龛。

此外，东壁门上还绘制了一幅千手千眼观音经变，也是敦煌石窟首次出现的颇具规模的密教经变。其形象是根据唐代诸多高僧汉译的一系列有关"千手千眼观音"的经文塑造，无疑是盛唐后期千手千眼观音信仰的具体反映，标志着敦煌密教又有新发展。

该窟中包含了三种不同的密教经变，并有敦煌地区首次出现的完整的密教龛，展现了盛唐时期密教的发展水平，极具代表性。

2-4-4　火天神　▼

梵名Agni，音译阿耆尼、阿哦那、恶祁尼。又名火天、火仙、火神、火光尊，为密教十二天之一，八方天之一。是密教护法神，密号为护法金刚。他以老仙姿态出现，有二臂四臂之分，此尊为四臂像，四手中右一手曲臂置胸前，一手持数珠，左一手持净瓶，一手持竹杖。秃顶长须，作瘦骨鳞峋的苦行老者形象。上身赤裸着短裙，赤足，呈游戏坐姿坐在莲花座上。此尊为敦煌密教经变中首次出现的火天神，属于盛唐时期的密教新题材，反映了汉传密教在敦煌渐趋壮大的发展情况。

盛唐　莫高窟148窟　南壁龛顶西坡

第二章 汉传密教在中国的传播

2-4-5 千手千眼观音经变 ▲
这是敦煌石窟最早的千手千眼观音经变。主尊千手千眼观音位于中部,二十身眷属错落有致地排列于主尊两侧,其中内四供养菩萨(金刚歌、金刚舞、金刚嬉、金刚鬘),外四供养菩萨(金刚香、金刚花、金刚灯、金刚涂),均为首次出现于敦煌石窟的密教供养菩萨。此外,火天、水天等天神亦为第一次出现于密教经变中。此幅经变内容丰富,构图层次分明,敷色浓丽,造型精到,线描娴熟,为盛唐力作之一。
盛唐　莫高窟148窟　东壁门上

2-4-6 水天神、持念珠菩萨 ▼
盛唐时期,密教得到快速发展,出现了很多新题材和新形象,水天神便属此列。水天神梵名Varuna,音译作缚楼那、婆楼那、成楼那。为密教十二天及护世八方天之一,系四方之守护神。图中右侧一尊即为水天神,坐于乌龟背上,持龙索和宝剑,乌龟高抬头部,似在张望,生动有趣。
盛唐　莫高窟148窟　南壁龛顶东坡

| 神秘的密教 |

5·唐武宗灭佛是否抑制了密教发展的势头？

唐朝皇帝笃信佛教，太宗即位之初便设译经场，着手佛教的振兴，其后继者也极力倡导，这使唐朝佛教出现前所未有的盛况。其支派之一的密教也有了很大的发展，从唐天宝至贞元年间（公元742～805年），在诸代皇帝倡导，以及高僧不空与其弟子的大力弘扬下，以长安为中心的中原汉传密教发展到繁盛时期，并迅速传遍全国，此时所译经典亦多为密教经典。

但随着佛教势力的进一步发展，佛寺内

2-5-1　十一面观音石雕像 ▶
唐
残高171厘米
1976年河南荥阳大海寺出土
现藏河南博物院
观音十一面六臂，慈面，腿部已残。两臂合十，两臂举于胸前似结手印，但手部已残；两臂下垂，一手持物。

2-5-2　如意轮观音经变 ▶
本图属于敦煌石窟的汉密题材。主尊位于经变中部，戴宝冠，冠中无化佛，六臂，右一手思惟，一手托宝珠，一手持羂索；左一手持如意轮，一手持莲蕾，一手按光明山。有头光和背光，右舒坐在莲花座上。眷属有金刚灯菩萨、金刚花菩萨、二天王，其中一身为托宝塔的毗沙门天王。晕染与线描运用巧妙，有满壁生辉的效果，反映了中唐敦煌密教的发展状况。
中唐　莫高窟158窟　东壁门上

部出现了一些不法行为。寺院仗恃强霸，扩充土地、庄园，驱使奴婢，并放高利贷盘剥平民，加之沙门干政、沙门失德事件也时有发生，使佛寺与世俗之间的矛盾日趋加深，成为当时极为激烈的社会冲突。冲突的激化，使唐武宗于公元845年诏令打击佛教势力，开始了中国历史上最严重的一次灭佛运动——会昌（唐武宗年号）灭佛。该运动使中原佛教受到重创，一度衰微。密教是佛教的重要支派，也未能幸免。从已刊发的资料所见，原唐都城长安一带至今没有发现属于中唐时期的密教遗迹。就全国而言，除敦煌以外，似亦只见新疆库木吐拉石窟的千手千眼观音和河南大海寺遗址出土的十一面观音石雕像。

会昌灭佛持续的时间并不长。在灭佛的次年（公元846年），唐武宗便因服食丹药中毒身亡。在其死后的第二年，唐宣宗即下诏恢复佛法。此后，佛教迅速得到恢复，僧众、信徒重整寺院，弘扬佛教。密教也迅速恢复，并日渐繁盛，如都城长安青龙寺、大兴善寺的高僧各建大曼荼罗，广传两部密法。青龙寺与唐代密教关系密切，并远传日本，成为日本佛教真言宗的发源地。发现于西安晚唐墓葬的绢本墨书经咒、印本陀罗尼，以及法门寺地宫的完整密教曼荼罗、诸多密教尊像、密教法器以及大兴善寺高僧于咸通十二年（公元871年）供奉的金函、银瓶及敬造的

2-5-3 毗沙门天王与地藏菩萨
毗沙门天王是佛教四大天王之一，即北方多闻天王。古代敦煌人认为毗沙门天王是沙洲（敦煌）的守护神。天王左手托塔，右手持戟，戴宝冠，腰悬宝剑，全身戎装，威武雄壮。在地下涌出半身的天女，是监牢女神，她托举天王双脚，助其威力。地藏菩萨头戴帔帽，双手结手印，双目下视，似有所思。此图反映了密教在敦煌地区的影响日渐加深。
中唐　莫高窟154窟　南壁

银函等，都体现了密教得到迅速恢复的景象。

另外，从《益州名画记》的记载可知，晚唐时期密教的另一个繁盛地区在四川，成都大圣慈寺绘有千手千眼大悲变相、水月观音、如意轮观音、八大明王、孔雀王变相

| 神秘的密教 |

等，虽然该壁画早已荡然无存，但现存"成都县□龙池坊……卞……印卖"的印本陀罗尼咒，以及在四川资中、安岳和重庆大足等石窟保存的晚唐时期的地藏、毗沙门天王、千手千眼观音、如意轮观音、地藏与十王、毗卢佛等密教造像，也足以反映出晚唐时期四川密教之繁盛，说明会昌灭佛并未对发展造成太大的影响。

其对敦煌地区的影响更是微乎其微。史载敦煌于公元781年就被吐蕃占领，并受吐蕃统治六十七年之久。唐武宗灭佛时期，敦煌正处在吐蕃的统治之下。整个灭佛过程中，敦煌地区受到的影响微乎其微。这一时期敦煌石窟中共有59个洞窟出现了密教作品，其中密教题材22种，密教形象172幅（不包括藏经洞所出绢纸画）。并出现了十种新题材和五种新的组合形式。充分反映出这一时期敦煌地区的密教不但没有受到灭佛运动的影响，反而有了长足的发展，呈现出更加繁盛的景象。

种种情况显示，唐武宗灭佛虽然在一段时间内对密教的发展产生了一定的破坏作用，但并未造成太大的影响，尤其是对

2-5-4 文殊变 ◀

文殊菩萨高坐于雄狮背上的莲花座上，众多眷属相伴随，其中有双手弹奏琵琶的金刚歌菩萨。画面上人物虽多，但并不显得拥挤。此幅文殊变是中唐敦煌密教的经典之作。
中唐 莫高窟468窟 西壁龛外北侧

| 第二章 汉传密教在中国的传播 |

敦煌地区密教的发展影响更是微弱。这一时期的密教依然走向了繁盛。

2-5-5 普贤变 ◀
此图与前图相对。普贤菩萨高坐于大象背上的莲花座上，众多眷属相伴随，其中有持拍板的金刚歌菩萨。画面构图严紧，绘制精细，代表了中唐敦煌密教的发展状况。
中唐 莫高窟468窟 西壁龛外南侧

6·敦煌汉传密教为什么会在中唐出现繁盛景象？

安史之乱爆发后，朝廷为平定叛乱，在全国范围内征调军队，进行反击。包括敦煌在内的河西、陇右以及北庭、安西等西北地方的精锐部队也被调集中原。这一行动使西北边防出现漏洞，边疆守卫工作松懈下来。原居于青藏高原的吐蕃乘机进犯，并逐渐占领了陇右及包括敦煌在内的河西地区。这一时期便是敦煌历史上的中唐时期，也称"吐蕃时期"。

这一时期正处于西藏佛教的前弘期★，佛教极为兴盛。吐蕃统治者极其崇信佛教，多次派人到印度学习佛教。也是在这一时期，印度大乘佛教的密宗咒师莲花生来到了吐蕃，译经传法，弘扬佛法，并与寂护一起仿照印度最著名的寺院之一——飞行寺建造了此后在西藏地区久负盛名的桑耶寺，加快了密教在藏地的传播速度，进一步促进了藏传密教的发展。

吐蕃占领敦煌地区之后，吐蕃佛教也开始在这一地区发展起来。从吐蕃时期遗留下来的文书、写经等可以看出，吐蕃统治者曾

2-6-1 地藏菩萨与六道
地藏菩萨左手置胸前，右手托宝珠，站立于莲花上。有六条彩色云团从身后升起，其上分别绘有天人、俗人、阿修罗、畜牲、饿鬼、牛首狱卒，以代表轮回转生的六道。此图将地藏菩萨与六道巧妙地绘制在同一画面上，构思十分巧妙。
中唐　榆林窟15窟　东壁门南

| 第二章 汉传密教在中国的传播 |

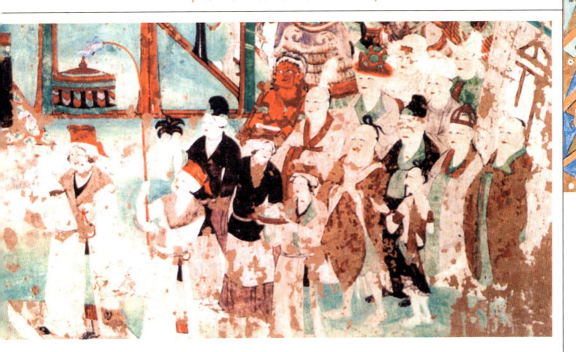

2-6-2 穿礼服的吐蕃赞普
初盛唐时期,"维摩示疾"下部都是描绘中国西部一些少数民族首领以及外国使臣。从中唐开始,吐蕃赞普占据了显要位置,其他人都退居后边,反映了吐蕃对敦煌的占领。
中唐　莫高窟159窟　东壁南侧

在敦煌大兴法事,广度僧尼,并由来自吐蕃本土的高僧大德管理敦煌佛教和参与政事。此期莫高窟的开凿也进入了一个新的发展阶段。属于这一时期的洞窟很多,据统计,新开洞窟57个,补绘前代洞窟近20个,后代重绘约11个,即今天莫高窟所留吐蕃时期的洞窟近90个。

这些洞窟中,出现密教题材的有59个,共有密教题材22种,密教形象总计172幅(不包括藏经洞所出绢纸画),比盛唐时期多114幅,除此之外,还出现了具有印度波罗密教艺术风格的曼荼罗壁画。

众多的密教题材中,有10种是这一时期新出现的:毗卢遮那佛与八大菩萨曼荼罗、释迦曼荼罗、千手千钵文殊经变、羯摩杵、西方无量寿佛、东方不动佛、毗沙门决海、毗沙门赴那吒会、提头赖吒天王和五台山图。此外,还新出现五种组合形式,即千手观音经变与地藏菩萨、千手千眼观音经变与千手千钵文殊经变,以及两幅十一面观音经变、两幅地藏菩萨、两幅天王成组对称的形式。不仅如此,密教作品分布的位置也有显著变化,进入主室已经逐渐趋向于主流,尤其是密教中表现坚利之智主题的羯摩杵,出现在主室顶部最重要的中心位置,证明这一时期密教的地位更加显要、尊贵,已呈现一种繁盛的景象。

神秘的密教

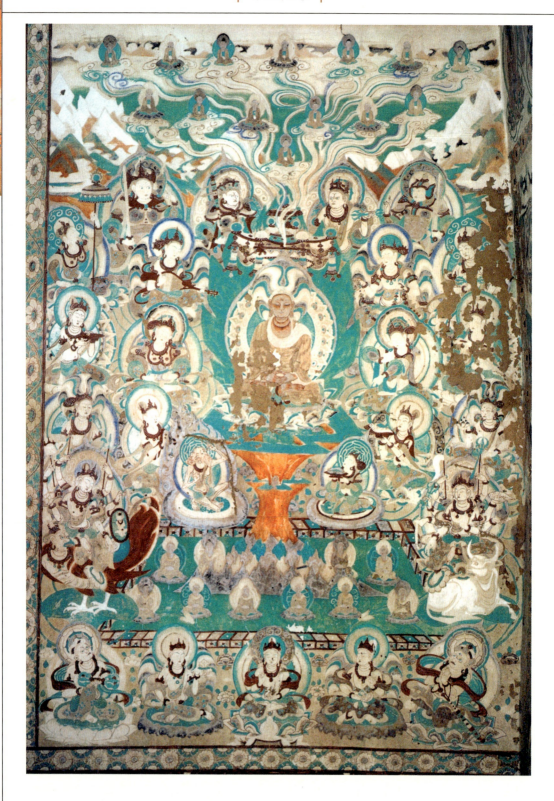

| 第二章　汉传密教在中国的传播 |

2-6-4　三面八臂菩萨
头戴宝冠、手持法器的三面八臂观音菩萨骑在迦楼罗背上。
中唐　莫高窟360窟　南壁

2-6-5　三面八臂菩萨
头戴宝冠、手持法器的三面八臂观音菩萨骑在牛背上。
中唐　莫高窟360窟　南壁

2-6-3　释迦曼荼罗
主尊释迦位于曼荼罗中央，四周有眷属围绕，有众多内外供养菩萨，还有婆薮仙、功德天、天王、持金刚杵与持伞盖菩萨，以及骑牛和骑迦楼罗的三面八臂菩萨等。华盖上方和水池内还有多尊坐佛。整个画面构图精妙，线描细腻，形象优美。
中唐　莫高窟360窟　南壁

知识库

★ 西藏佛教的前弘期

西藏佛教的发展分为前后两大时期。前期在公元8~9世纪，佛教极为兴盛，被称为前弘期。9世纪中叶，西藏开始禁佛运动，使佛教的发展中断。10世纪末期，佛教开始复兴，并在11世纪出现繁盛景象，这一时期被称为后弘期。

| 神秘的密教 |

7·敦煌石窟的中唐密教形象发生了哪些变化?

经过前代的蓬勃发展,中唐时期的密教呈现出一派繁盛景象。经典大量翻译、流行,密教形象也日趋多样,发生了很多变化。

这一时期敦煌石窟中首次出现了印度波罗密教风格的作品。榆林窟25窟正壁的毗卢遮那佛与八大菩萨曼荼罗,是这一时期新见而有代表性的密教题材。这幅曼荼罗的构图和人物装饰都有浓郁的印度波罗密教艺术风格,是敦煌石窟首次出现的另一种外来艺术风格。这种风格的艺术形象自中唐出现以后,经晚唐、五代、西夏,一直延续到元代。

有认为此图是依据藏经洞所出藏文《佛说大乘八大曼拏罗经》绘制的。主尊两侧原有八大菩萨侍奉,现仅存四尊。此时出现的以毗卢遮那佛为主尊,并绘画于洞窟正壁的八大菩萨曼荼罗,表明密教在当时已经成为显赫的宗派。

千手千钵文殊经变是继盛唐的千手千眼观音经变以后,敦煌石窟新出现的千手形象的密教经变题材。据记载,由于文殊菩萨是一切诸佛如来金刚本母,所以从他的金刚般若身心,能生出一

2-7-1 地藏菩萨 ◀
此菩萨为毗卢遮那佛与八大菩萨曼荼罗中菩萨的一尊,戴宝冠,发髻高耸,项饰华美,肩披曲发,左手置于腹前,右手托宝珠,上身天衣斜披,下身紧身透体,长裤华丽,具有明显的波罗密教特点。
中唐 榆林窟25窟 东壁

第二章 汉传密教在中国的传播

切诸佛菩萨，于是千手千钵中出现了千释迦。千手千钵文殊经变一出现就有稳定的格局，常与千手千眼观音经变构成组合形式，各居左右对称出现。此后这一题材一直延续到西夏，成为密教艺术的主要题材。这题材的经变基本采用方形或长方形画面，构图无一例外的采用"众星捧月式"：中央位置是文殊菩萨，他的千只手均托宝钵，宝钵中多现须弥山，山顶端坐释迦牟尼佛。这些千手千钵形成主尊身后多层圆圈，类似菩萨的背光。

中唐的莫高窟144窟和361窟中均有千手千钵文殊经变出现。其中144窟的文殊菩萨位于经变中央，戴化佛冠，千手托钵，组成多个同心圆环绕主尊，部分钵中有释迦，结跏趺坐在双龙缠绕的须弥山顶的莲花座上。有眷属十六身，即密教内四供养菩萨之金刚

2-7-2 千手千钵文殊经变
文殊菩萨位于经变中央，戴化佛冠，千手托钵，组成多个同心圆环绕主尊，部分钵中有释迦。有眷属十六身。此经变构图紧凑，画风细腻，用笔精到，为中唐时期敦煌壁画佳作。
中唐 莫高窟144窟 东壁门北

舞菩萨和金刚嬉菩萨、乘五马的日光菩萨、乘五鹅的月光菩萨、婆薮仙、功德天、忿怒尊、二龙王、二夜叉、象头的毗那夜迦、猪头的毗那勒迦、二供养菩萨等。

| 神秘的密教 |

2-7-3 金刚舞菩萨与月光菩萨
内四供养菩萨之一的金刚舞菩萨,双手上下舞动,手姿优美柔和,饱含内劲。月轮内的月光菩萨坐在五鹅上,五鹅双翅欲展,生动有趣。
中唐 莫高窟144窟 东壁门北

2-7-4 金刚嬉菩萨与日光菩萨
内四供养菩萨之一的金刚嬉菩萨,两肘外张,双手握拳置于腰间,头微右倾,姿态柔中带刚。位于日轮中的日光菩萨双手合掌,乘五马。五马呈卧姿,形象生动。
中唐 莫高窟144窟 东壁门北

2-8-1 金刚三昧曼荼罗
主尊位于曼荼罗中部,一手持剑,一手置于腿上,右舒坐姿坐在莲花座上。眷属有金刚花、金刚涂、金刚舞菩萨及合掌的供养菩萨等。众菩萨端庄秀丽,形象优美。
晚唐 莫高窟156窟 西壁龛顶东坡

| 第二章 汉传密教在中国的传播 |

8．为什么说敦煌晚唐时汉传密教最辉煌？

公元848年，敦煌人张仪潮率领当地各族人民推翻吐蕃的统治，建立张氏政权，并立即奏报长安，归义唐朝。此后，区别于北方大部分地区少数民族政权割据的局面，敦煌一直保持着以沙、瓜二州为中心的汉族地方政权（称"归义军政权"），维持着与中原王朝的联系。这一时期敦煌社会稳定，统治者笃信佛教，他们大力推广佛教，世家大族开窟盛行。中唐时期已在敦煌地区兴盛起来的密教也更趋的繁盛。

据统计，这一时期的敦煌共有55个洞窟中出现了密教题材艺术，其中不乏以密教题材为主的洞窟出现，如莫高窟14、156、161窟等就是最好的代表。这种洞窟在此前的敦煌石窟中未曾见过，是晚唐敦煌石窟的经典，其中161窟主室设方坛，窟顶的顶心绘千手千眼观音经变，西壁绘十一面观音经变，东壁门上绘珞珈山观音，南北两壁绘文殊变和普贤变。该窟窟顶部及四壁所绘制的均为密教观音或文殊普贤变，壁画内容都与密教有关，可能是一处供奉密教观音的坛场。

在这些敦煌晚期的洞窟中，共有密教题材26种、密教形象196幅，数量上大大超过中唐。其中属于密教新题材的有7种，包括金刚三昧曼荼罗、密严经变、金刚萨埵曼荼罗（或称为金刚杵观音变）、金刚母曼荼罗（或称为金刚杵观音变）、八臂宝幢菩萨、毗楼博叉天王和不知名的曼荼罗。

| 神秘的密教 |

2-8-2　金刚萨埵菩萨 ▲
头戴宝冠，有椭圆形头光和圆形背光，左手持金刚杵，右手持金刚铃，结跏趺坐于莲花座上。该菩萨头微左倾，上身略向右扭，呈现动感，给人以人体曲线美。
晚唐　莫高窟156窟　西壁龛顶东坡

同时，原来陪侍主尊的部分眷属也发展为各自的经变和曼荼罗。千手千眼观音经变、十一面观音经变也开始占据主室顶部的中心位置，形式更加繁缛而华贵，气势更加宏大，这说明晚唐时期密教神祇的地位极其崇高。

组合方式上，这一时期的密教艺术除继续流行中唐时期的组合对称的形式外，又新出现了十一面观音经变与观音经变或不空羂索观音经变、千手千眼观音经变与不空羂索观音经变、金刚萨埵曼荼罗与金刚母曼荼罗等新组合。

画风上，敦煌晚唐风格细腻，手法写实，具有浓厚的生活气息，延续了中唐时期的艺术形式。此时具有印度波罗密教艺术风格的曼荼罗壁画更是大行其道，焕发出异域的光彩。

2-8-3　不知名曼荼罗 ◀
曼荼罗中央为戴化佛冠的观音菩萨。左侧为作沙门形的地藏，右手托宝珠，从其左右手有四条彩色云气升起，云端似有人物，可能代表六道中的四道。右侧为手托金刚杵的菩萨。此外还有二供养菩萨、二忿怒尊。这种构图形式的曼荼罗在敦煌石窟尚属首次见到。
晚唐　莫高窟196窟　东壁门上

| 第二章 汉传密教在中国的传播 |

2-8-4 毗沙门天王

毗沙门天王,即北方多闻天,左手托宝塔,右手握宝棒,身披甲胄,十分威武。传说于阗国王是毗沙门天王之荫嗣,因此于阗式的戎装成为毗沙门天王的装束,从丝绸之路传入敦煌,并流传于内地,影响深远。

晚唐　莫高窟12窟　前室西壁门北

9·晚唐敦煌有哪些经典的密教洞窟？

敦煌莫高窟14、156、161窟是晚唐时期的经典洞窟。这些洞窟以密教题材为主，在此前的敦煌未曾有过。以14窟为例，该窟的壁画题材有显有密。显教经变对称绘画，密教经变、密教曼荼罗亦自相对称绘画，布局均衡，显密呼应。

14窟集密教经变与密教曼荼罗之大成，在东壁、南壁、北壁和顶部都绘满了密教经变和密教曼荼罗。包括前室西壁门北的天王；主室南壁的金刚母曼荼罗、十一面观音经变、不空罥索观音经变、千手千眼观音经变；北壁的金刚萨埵曼荼罗、观音经变、如意轮观音经变、千手千钵文殊经变；东壁门侧的普贤变、文殊变；覆斗顶由中心的羯摩杵、内四坡的四幅说法图共同构成五方曼荼罗。北壁和南壁的两幅带有浓郁的印度波罗密教艺术风格，从内容来看，所表现的很可能是密教曼荼罗中理趣会。

北壁一幅的主尊是金刚萨埵，并有理趣会的四摄菩萨、内四供养菩萨，有学者认为也与理趣会近似，故也是以理趣会为蓝本的说法图。又有外四供养菩萨，以及分别持梵夹、君持、幢、撒播叉戟等六菩萨及四护法天、飞天等共二十二身，可见此图未拘泥于佛经记载的理趣会曼荼罗，故也可根据其主尊，称为金刚萨埵曼荼罗。

南壁一幅现称为金刚母曼荼罗，主尊金刚母菩萨亦可能是密教胎藏界曼荼罗中同体

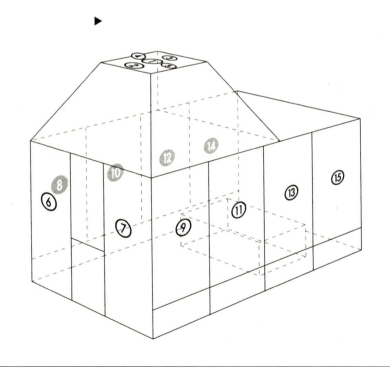

2-9-1　莫高窟14窟示意图
① 羯摩杵（交杵）
② 东方香积世界阿閦佛赴会说法图
③ 西方极乐世界无量寿佛赴会说法图
④ 南方欢喜世界宝相佛赴会说法图
⑤ 北方莲花庄严世界微妙声佛赴会说法图
⑥ 普贤变
⑦ 文殊变
⑧ 千手千眼观音经变
⑨ 千手千钵文殊经变
⑩ 不空罥索观音经变
⑪ 如意轮观音经变
⑫ 十一面观音经变
⑬ 观音经变
⑭ 金刚母曼荼罗
⑮ 金刚萨埵曼荼罗

第二章 汉传密教在中国的传播

2-9-2 金刚萨埵曼荼罗

此幅属于金刚界理趣会。主尊金刚萨埵即普贤菩萨,位于曼荼罗中央,两侧眷属二十二身,有内四供和外四供菩萨以及持梵夹菩萨、持宝瓶菩萨、二飞天、四忿怒尊等,却不见密教经变通常所见婆薮仙、功德天及龙王。主尊及其眷属除飞天外,均戴宝冠,曲发披肩,裸上身,斜披天衣,着重裙及紧身透体长裤,具有印度波罗密教艺术风格。

晚唐　莫高窟14窟　北壁西侧

金刚萨埵曼荼罗分解图
① 主尊
② 金刚歌菩萨
③ 金刚舞菩萨
④ 金刚嬉菩萨
⑤ 金刚鬘菩萨
⑥ 金刚香菩萨
⑦ 金刚花菩萨
⑧ 金刚灯菩萨
⑨ 金刚涂菩萨
⑩ 金刚钩菩萨
⑪ 金刚铃菩萨

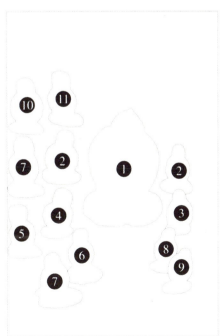

异名的金刚手院金刚手持金刚菩萨,因此有以为与北壁配合,有融金(金刚界)、胎(胎藏界)二部精义的可能。但也有学者认为该曼荼罗亦与金刚界曼荼罗的理趣会近似,是依据理趣会蓝本绘制的。

此外,14窟南壁的十一面观音经变也很有特点。其主尊形象突出,但两侧没有绘眷属,却用绘制的19幅小画面对经变内容加以说明。

整个洞窟按照繁缛的密教经典,用各种密教经变和密教曼荼罗有条不紊地表达佛经内涵,反映了晚唐时期的敦煌密教已经进入

101

顶峰。其艺术表现力也达到炉火纯青的境界，整个洞窟的壁画着色饱满，显示出佛国世界温和、光明、平静、壮丽的总体艺术效果。人物形神俱佳，气象深沉，意境幽玄，不愧为晚唐时期的壁画佳作。

2-9-3　交杵与四方佛　◀
中心为交杵，围绕交杵的四面各绘一方佛赴会说法图，分别为：东方香积世界阿閦佛、南方欢喜世界宝相佛、西方极乐世界无量寿佛、北方莲花庄严世界微妙声佛。交杵与四方佛相搭配，或许可视为五方佛结构。像这样面积大、结构复杂的洞窟顶部方井，在敦煌石窟中很少见。
晚唐　莫高窟14窟　窟顶

2-9-4　金刚萨埵菩萨　（见下页图）
金刚萨埵菩萨即普贤菩萨，是金刚界曼荼罗成身会三十七尊之一，也是理趣会十七尊之主尊；在胎藏界曼荼罗中也是金刚部院大智金刚部的主尊。一手持金刚杵，一手持金刚铃，结跏趺坐于有背屏的莲花座上。造型为一秀丽女形，丰乳蜂腰，天衣透体，佩饰华丽，具有外来艺术因素，此图堪称敦煌艺术的上乘之作。
晚唐　莫高窟14窟　北壁

神秘的密教

第二章 汉传密教在中国的传播

2-9-6 观音经变 ◀
此图与十一面观音经变相对应，这种对称组合形式，是晚唐密教的新形式。主尊上方有宝盖，下方有水池。两侧及水池下绘观音以三十三应化身相拔救众生之苦和十九说法相化导众生。此经变在有限的画面上，以山水相隔，绘出不同情节，构图巧妙。
晚唐　莫高窟14窟　北壁

2-9-5 十一面观音经变 ◀
十一面观音，除佛面外均戴宝冠，八臂，分别执持日精摩尼、月精摩尼、净瓶、莲花或结手印。圆形头光，椭圆形背光，头顶上方有宝盖，赤足站立于水池中生出的莲花座上。眷属除二飞天外已漫漶。此幅经变画虽褪色，但依然可从手足等细部看出画风细腻，用笔精到的艺术特点。
中唐　莫高窟370窟　东壁门北

| 神秘的密教 |

10·五代、北宋的汉传密教为什么依然繁盛？

五代至北宋初年密教信仰依然盛行不衰。据史籍记载，五代时"陇坻道俗皆禀承密藏"，凤翔道贤"持讽孔雀王经以为日计，末则受瑜珈灌顶法"，反映的是当时关中一带密教的传播。宋初，在都城东京（即今河南开封）开宝寺"开灌顶道场五遍，约度僧尼士庶三千余人"，记载了宋代都城密教灌顶仪式的盛况。太平兴国七年（公元982年），宋太宗诏建译经院，北宋三大译经师——来自印度的高僧天息灾、法天、施护等修建大曼荼罗，翻译了不少密教经典。

宋代内地又有大量密教经典译为汉文，其中最具代表性的是金刚乘经和仪轨，包括瑜伽和无上瑜伽密典。汉译无上瑜伽续计部共六部，全部译于宋代；汉译瑜伽续计部共六部，有五部是宋译本。据此可知，宋代密教经典的翻译，无论是数量、种类，还是教义上，均可称得上是唐代以后的又一高潮。而密教信仰更为普遍，几乎是无宗不密。当时的密教与流行的佛教诸宗融合，其结果既是密教的泛化和汉化，同时也是中国佛教的密化。

现存的密教遗迹有铸于开宝四年（公元971年）的镇州隆兴寺千手观音，五代所开凿的杭州资延寺地藏与六趣轮回龛，浙江、安徽等地发现的陀罗尼经咒。但数量最多的还是四川广元、资中、安岳及重庆大足五代宋初雕凿的密教窟龛。其中重庆大足柳本尊之密，颇有地方色彩。此外还有内蒙古宁城辽代早期白塔雕饰的大日如来、七佛和八大菩萨，重塑于统和二年（公元984年）的天津蓟县独乐寺十一面观音等。据敦煌藏经洞所出《同光二年（公元924年）智严往西天巡礼后记》、《定州开元寺僧归文牒》、

2-10-1 四川大足宝顶山千手千眼观音
此尊是重庆地区汉传密教的重要窟龛之一。观音面部慈祥，众多手臂分布四周，是重庆密教盛行的具体反映。
宋　四川重庆大足宝顶山　　　　　　　（田村摄）

第二章 汉传密教在中国的传播

《僧道猷等往西天取经牒》等文献，当时到印度取经的僧人往往经敦煌西去。而于藏经洞发现的《维摩诘经讲经文》尾题"成都府大圣慈寺沙门藏川述"，亦表明敦煌与四川有交往。

敦煌有156个洞窟保存了五代、宋初的密教遗迹，有密教题材共45种、507幅（不含藏经洞绢画），是敦煌地区密教题材最丰富的时期。其中二十臂观音、金刚杵观音、杨柳枝观音、观音曼荼罗、金刚界五佛曼荼罗、金刚藏菩萨、金刚剑菩萨、地藏与十王、六趣轮回、水月观音、天鼓音佛、最胜音佛、宝相佛、东方不动佛、佛顶尊胜陀罗尼经变、迦楼罗王等为新出现的密教题材，表明了五代、宋初敦煌密教的兴盛。

2-10-2　大足宝顶山千手千眼观音（局部）

| 神秘的密教 |

2-10-3 地藏、十王与六趣轮回

此幅内容是这一时期敦煌汉密新出现的题材。图中地藏菩萨形象：披帽，半跏坐在莲花上，背光，两侧有六条彩带曲折斜出。其上分别绘天人、俗人、阿修罗、马、饿鬼、狱卒以代表六道，表示六趣轮回。六道外侧是冥府十王。地藏下方有判官、道明和尚、金毛狮子、善恶二童子。

五代　莫高窟384窟　甬道顶

第二章 汉传密教在中国的传播

2-10-4 地藏菩萨
图中菩萨是这一时期常见的地藏菩萨形象：披帽，左手托宝珠，右手持锡杖，跏趺坐于莲花之上。该菩萨双目下视，端庄稳重。
五代　榆林窟16窟　西壁门上北侧

知识库

★ 柳本尊（855—942，一说844—907）四川重庆密教的主要传播者。嘉州（今四川乐山）人，姓名不详，世人誉为本尊。奉佛教，蔬食布衣，律身清苦，专持大轮五部神咒。曾先后在成都、弥年（今新都）一带传教，受到蜀主王建嘉赏及地方官吏的支持，四方佛徒云集座下，受其法者甚众。关于其传教事迹，根据碑史、大足宝顶与安岳毗卢洞两处"十炼图"石刻（所谓十炼，指炼指、立雪、炼踝、剜眼、割耳、炼心、炼顶、断臂、炼阴、炼膝）所载，可知其以诵经念咒、自残形骸为主。四川重庆大足宝顶山大佛湾所刻"唐瑜伽部主总持王"及"六代祖师传密"题刻，所指皆为柳本尊其人。

| 神秘的密教 |

2-10-5 佛顶尊胜陀罗尼经变
如果仅仅从构图及其内容看,与一般显教经变的说法图相似。但榜题却告诉世人,它是密教佛顶尊胜陀罗尼经变。在密宗几位大师推动下,唐代宗大历十一年（公元776年）曾命令天下僧尼日诵此经二十一遍,此经曾传遍天下,经幢所刻大多是此经。五代、宋时开始作为密教经变的新题材,在敦煌石窟中出现。
宋　莫高窟55窟　北壁

2-10-6 南方宝相佛
佛的榜题为"南方宝相佛",四周绘千佛,是此时期的密教新题材。
五代　莫高窟146窟　顶部南坡

11·方塔里的密教场所是什么样子？

在莫高窟崖体的上方，有一座宋时期的天王堂，其中的密教壁画媲美洞窟内的壁画，堪称为这一时期的代表性汉传密教遗迹。

天王堂是用土坯所砌的单檐方塔，内部有不可多得的密教题材壁画遗迹。堂内砌马蹄形佛坛，佛坛上的塑像现已不存。从佛坛上残存的塑像遗迹分析，似应供奉有天王塑像。因此天王堂可能是一处供奉天王的密教场所。但当时特加供奉天王的情况尚待研究。

在天王堂最显要、最尊贵的穹窿顶中央，绘有大日如来。大日如来的东、西、南、北方各绘五尊佛，可能分别代表东方阿閦、西方无量寿、南方宝生和北方不空成就佛，与大日如来合为五方佛。每一方佛的下方，分别绘三股金刚杵（东方）、莲花（西方）、宝石（南方）、羯摩杵（北方），连同中央的大日如来，构成佛、金刚、宝、莲花、羯摩五部，代表金刚界五智。据此判断，天王堂顶部绘制的应是金刚界五佛曼荼罗，也

2-11-1　莫高窟天王堂壁画分布示意图
① 大日如来
② 东方阿閦佛
③ 西方无量寿佛
④ 南方宝生佛
⑤ 北方不空成就佛
⑥ 金刚杵
⑦ 莲花
⑧ 宝石
⑨ 羯摩杵（交杵）
⑩ 三面六臂观音曼荼罗
⑪ 金刚歌菩萨
⑫ 金刚舞菩萨
⑬ 金刚嬉菩萨
⑭ 金刚缦菩萨
⑮ 三面八臂观音曼荼罗
⑯ 金刚香菩萨
⑰ 金刚花菩萨
⑱ 金刚灯菩萨
⑲ 金刚涂菩萨
⑳ 三面六臂观音曼荼罗
㉑ 手托金刚杵菩萨
㉒ 持宝棒菩萨
㉓ 手托独股金刚杵菩萨
㉔ 持宝剑菩萨
㉕ 三面六臂观音曼荼罗
㉖ 持莲花日轮菩萨
㉗ 持莲花月轮菩萨
㉘ 持幢菩萨
㉙ 持伞盖菩萨
㉚㉛㉜ 三面六臂观音
㉝ 二十臂观音

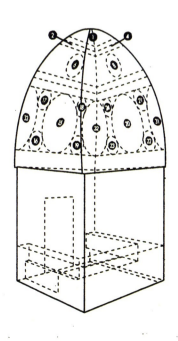
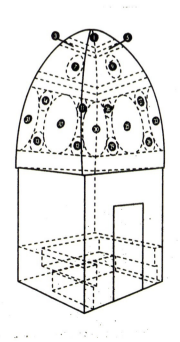

| 神秘的密教 |

2-11-2　金刚界五方佛曼荼罗

大日如来位于曼荼罗中心，头向东，着菩萨装，戴宝冠，曲发披肩，裸上身着胸饰，斜披天衣，双手重叠置于脐下，富于印度波罗密教艺术风格，结跏趺坐于莲花座上。其四方分别有并列的坐佛五尊，下有金刚杵、宝石、莲花、交杵，代表四方佛，构成了金刚界五佛曼荼罗。这样的五方佛构图极为罕见，其它地方尚未发现五代或以前的金刚界五方佛曼荼罗。

宋　莫高窟天王堂　穹窿顶

是新出现的密教题材。

天王堂的四壁可谓是观音的世界，密教演化的各种名目的观音曼荼罗和单尊观音像占据主角，包括三面六臂和三面八臂观音曼荼罗，三面六臂和二十臂观音等，竞相亮相，各显神通，由此可见观世音的深入人心。这些观音形象都是成组、相对分布的，突出了密教成组对应的特点。

在西壁、南壁和北壁的上部各绘有三面六臂观音曼荼罗一幅，主尊均为结跏趺坐的观音。主尊两侧各有供养菩萨四身，选自内四供、外四供、四摄等诸供养菩萨组合配伍，各不相同。唯西壁的四身供养菩萨均属于内四供养菩萨，为敦煌密教曼荼罗中所罕见。东壁上部的四身供养菩萨均属于外四供养菩萨，与上述其它三壁的曼荼罗主尊略有不同，绘有三面八臂观音曼荼罗一幅。

天王堂的四角位置，也是观世音的天地。西南角、东南角、西北角的上部均绘有三面六臂观音，东北角上部也与上述三处不同，绘有三面二十臂观音一幅。

第二章 汉传密教在中国的传播

2-11-3 三面八臂观音▶
观音戴宝冠，冠中有化佛，六臂手中各持法器和宝物，结跏趺坐在莲花座上。
宋　莫高窟天王堂　东壁上部

2-11-4 三面六臂观音曼荼罗　（见下页图）
主尊位于曼荼罗中部，结跏趺坐于莲花座上，有头光和背光。六臂手中执持法器、宝物。身侧有眷属四身。
宋　莫高窟天王堂　北壁上部

天王堂四壁的下部，又是菩萨和天王占据的天地。西壁下部绘菩萨四身；南壁下部绘制菩萨三身、天王二身；北壁下部绘制菩萨四身、天王二身，其中最东侧的天王右手托塔，左手持宝棒，无疑是毗沙门天王。

天王堂中的密教题材，无论是主尊还是供养菩萨，均曲发披肩，裸上身着胸饰，斜披天衣，仍然保留着浓郁的印度波罗密教艺术风格。

2-11-5 三面二十臂观音　▶
菩萨坐于莲花座之上，戴宝冠，主面冠中有化佛，有头光和背光，二十只手或持法器、宝物，或结印契。在敦煌石窟有密教观音数百种，三面二十臂的观音却仅此一幅。
宋　莫高窟天王堂　东北角上部

| 神秘的密教 |

12·敦煌的哪尊十一面观音堪称艺术之最？

十一面观音是密教中最受尊崇的菩萨之一。是众多密教形象中在敦煌地区流传最早的，初唐时期便随着密教在敦煌传播流传开来。直到西夏时期，十一面观音一直作为一种广受人们欢迎的形象，在敦煌地区流行。经统计，敦煌石窟现存十一面观音或十一面观音经变共34幅（未含藏经洞所出绢画、纸画和木雕）。

初唐时期的敦煌石窟中，共有十一面观音像7幅，其颜面排列有四种形式，面相各不相同，有菩萨面、瞋面、狗牙上出面、佛面，其中菩萨面最多，二臂者占主流，并在十一面观音两侧出现了菩萨，形成主从关系

2-12-1 十一面观音头部

观音的十一面，其面相慈祥，从下至上呈3、5、2、1式排列，远远看去宛如一朵盛开的多瓣莲花，颇有新意。

初唐　莫高窟321窟　东壁门北

| 第二章　汉传密教在中国的传播 |

2-12-2　十一面观音经变 ▲
主尊两侧绘出了受持、书写、流布、念诵《十一面神咒心经》"现身即得十种胜利"和"复得四种功德胜利"的情节。整体错落有致，画面通俗易懂，生动有趣。
晚唐　莫高窟14窟　南壁

2-12-3　十一面观音观音 ▲
观音位于经变中部，戴宝冠，具璎珞，有头光、背光，头顶上方有宝盖，双手结印契。
晚唐　莫高窟14窟　南壁

的眷属身份。如莫高窟334窟，东壁门北的十一面观音经变便是其中一例。这些壁画大致是依据玄奘所译《十一面神咒心经》绘制的，但并非完全拘泥于该经的规定，如壁画仅仅绘制了主尊，未绘制经里的其它具体内容。

敦煌众多的十一面观音中，尤以晚唐莫高窟14窟南壁的一幅最具特色。图中主尊形象较为突出，十一面观音位于经变中部，结跏趺坐于由伽陵频迦所托的莲花座上。十一面作慈悲相、菩萨相、瞋相和白牙出相，均戴宝冠，但在诸宝冠中却不见"佛身"。本面三眼，有胡须，身具璎珞，有头光和背光，头顶上方有宝盖。六只手中最上两手结与愿印；中间两手持莲花，执念珠；最下两手左持净瓶，右结施无畏印。两侧没有绘眷属，却绘制了19幅小画面，其内容包括受持、书写、流布、念诵《十一面神咒心经》"现身

| 神秘的密教 |

2-12-4 信仰《十一面神咒心经》的好处 ◀

此画面表现的是受持、书写、传播、念诵《十一面神咒心经》，可以得到的好处：能伏怨敌而无畏；虫毒鬼魅不能中伤；令诸尊贵恭敬先言；一切刀杖所不能害。

晚唐　莫高窟14窟　南壁

①一切刀杖所不能害
②虫毒鬼魅不能中伤
③令诸尊贵恭敬先言

即得十种胜利"和"复得四种功德胜利"的情节，整体错落有致，画面通俗易懂，生动有趣，且与初唐时玄奘所译《十一面神咒心经》记载的内容基本相符。

这幅观音是敦煌石窟现存十一面观音或十一面观音经变中，唯一既突出主尊十一面观音形象，又将《十一面神咒心经》的主要警世经典用通俗易懂的画面诠释出来的一幅，堪称敦煌十一面观音艺术之最。

| 第二章 汉传密教在中国的传播 |

13·哪种汉传密教经变在敦煌石窟中数量最多？

在整个的敦煌石窟群中，有着数量众多的汉传密教形象，以各种经文、仪轨为依据绘制的各种汉密经变和曼荼罗也有很多种，其中以如意轮观音经变的数量最多。

如意轮观音经变出现很早，盛唐时期就出现于莫高窟148窟，但是主尊如意轮观音的塑像早已不存，因而无法得知其具体形象。直到中唐时期，我们才得以看到以主尊形象出现的如意轮观音。

敦煌石窟现存历代如意轮观音经变78幅（未包括藏经洞的绢画、纸画），是敦煌常

2-13-1　如意轮观音经变　▼
图中共有眷属三十二身，与密教经变通常所见的眷属多有不同。从榜题可知有日藏、月藏、虚空藏、破影、持暗、宝檀花、清莲花、不休息常供养、金刚藏、火光、星光、常供养等菩萨，还有紫贤金刚、定厄金刚、火头金刚以及婆秀仙、大辩才天女、火神、地神、水神等。
五代　　榆林窟36窟　　南壁

| 神秘的密教 |

2-13-2 如意轮观音经变 ▲
如意轮观音有头光和背光。头顶上方有一佛及二传法僧人，再上有宝盖。眷属十九身，有金刚舞菩萨、金刚缦菩萨、金刚香菩萨、婆薮仙、功德天、二龙王、四天王、二飞天、二忿怒尊，此外还有三身供养菩萨。这幅经变的构图简练，线条细腻，形象优美，堪称中唐的艺术佳作。
中唐　莫高窟358窟　东壁门北

见的汉传密教经变、密教曼荼罗中数量最多的一种，时代从盛唐一直延续到西夏，表明该经变曾是历时长久，深受时人喜爱的密教题材。

　　从经变所见，如意轮观音一面，多戴宝冠，冠中多有化佛。常作六臂，另有个别二臂、八臂的。所持法器、宝物不尽相同。姿势是左右舒坐或站立，以舒坐为主。两侧的眷属多寡不一，多者达32位，少者仅有2位，亦有无眷属的。中唐的如意轮观音经变佳作绘于莫高窟358窟主室东壁门北，构图简练，形象优美。此经变主要依据《如意轮观音经》和仪轨绘制，但并不拘泥于经文。其眷属中，难陀龙王、跋难陀龙王、四方天王、二忿怒尊等在此经中均有记载；属于内四供养的金刚缦菩萨、金刚舞菩萨，属于外四供养的金刚香菩萨、金刚花菩萨，在此经中仅记载"结手印供养"，无具体形象；而婆薮仙、功德天则见于《千手千眼观音经》和仪轨。

　　晚唐时期如意轮观音经变的数量明显增多，莫高窟14窟的如意轮观音经变是这一时期的佳作之一，图中主尊菩萨位于经变中央，头光、背光齐备，坐于莲花座上。头戴

第二章 汉传密教在中国的传播

化佛冠,六臂,右一手思惟,一手持莲花,一手结手印,左一手持如意轮,一手持宝珠,一手按光明山,头稍倾,姿态优美。上方有一佛二僧和宝盖。身侧内四供养菩萨、外四供养菩萨、四摄菩萨、四天王、婆薮仙等三十身眷属汇聚一堂。这一经变除了沿袭前代之外,也发生了一些变化,如莫高窟147窟的如意轮观音经变中,眷属仅有日光菩萨、月光菩萨、二龙王、二持花菩萨,而日光菩萨座下不见五马,月光菩萨座下不见五鹅。

五代、宋时是如意轮观音经变发展的高峰期,经统计,这一时期敦煌石窟中共有如意轮观音经变44幅(未包括藏经洞的绢画、纸画),占总数的绝大部分。五代榆林窟36窟的如意轮观音经变是其中较有特色的一幅,如意轮观音位于经变中央,身侧有眷属三十二身,据榜题可知,与密教通常所见的眷属有所不同。

西夏时期,由于藏传密教的迅速兴起,汉传密教受到了前所未有的冲击,整体走向衰落,作为汉密的重要题材,如意轮观音经变当然也未能幸免,在整个西夏时期的敦煌石窟中,一共只发现4幅该种经变,也是整

2—13—3 如意轮观音经变
如意轮观音位于经变中央,有眷属十三身,有金刚灯、金刚花、日光、月光菩萨、未持竹杖的婆薮仙、末端花盘的功德天、二天王、二龙王等。
五代 莫高窟468窟 东壁门北

个敦煌石窟中最后出现的汉密如意轮观音经变。莫高窟354窟是这一时期如意轮观音中一幅,图中观音宝冠中无化佛,脸方体胖,

第二章 汉传密教在中国的传播

2-13-5 如意轮观音经变 ▲
主尊位于经变中央，坐在莲花座上，有头光、背光。
上有一佛二僧和宝盖，旁有眷属三十身。
晚唐 莫高窟14窟 北壁

2-13-4 如意轮观音 ◀
主尊戴化佛冠，六臂，头稍倾，姿态十分优美。
晚唐 莫高窟14窟 北壁

上身略短，左手在左耳处呈思惟状，与通常所见如意轮观音不同。

如意轮观音经变自盛唐在敦煌出现之后，存在了相当长的时间，直到西夏才逐渐消失，是汉传密教经变中最具生命力的经变题材之一，而其存在的数量更为众多敦煌密教经变所不能企及，是最受欢迎的汉密经变之一。

14·不空羂索观音经变如何成为密教传统题材?

不空羂索观音,全称不空羂索观世音菩萨,为密教胎藏界观音院之一尊,此尊手持不空羂索,钩取人天之鱼于菩提之岸,其羂索必有所获,故称为"不空"。密教经典载,观自在菩萨曾向佛说,他在过去的九十一劫在世主王如来的处所,受持不空羂索神咒心,从此神咒力获得了种种功德,以及神咒持诵、观修、供养法等。因此,密教称诵读不空羂索神咒、受持神咒、书写供养、为人赞说、令畜生听闻、书写并礼拜供养神咒心

2-14-2 不空羂索观音
戴化佛宝冠,左肩披鹿皮衣,有六臂,右手分别持二叉戟、持柳枝、羂索;左手托宝瓶、持莲花、持净瓶。有头光和背光。
中唐　莫高窟384窟　南壁

2-14-1 莫高窟14窟不空羂索观音经变分解图 ▼

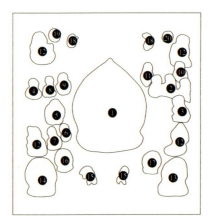

①主尊	⑦金刚花	⑭忿怒尊
内四供养菩萨:	⑧金刚灯	⑮二龙王
②金刚歌	⑨金刚涂	⑯婆薮仙
③金刚舞	四摄菩萨:	⑰功德天
④金刚嬉	⑩金刚钩	⑱二飞天
⑤金刚鬘	⑪金刚铃	⑲日光菩萨
外四供养菩萨:	⑫四天王	⑳月光菩萨
⑥金刚香	⑬马头明王	

经、莲花供养、取药丸念咒等,可得到种种好处。

不空羂索观音多数为八臂,少数为六臂;手中法器、宝物不尽相同;以结跏趺坐式者占绝大多数,少有立像;宝冠中绝大多数有化佛。主尊两侧眷属多寡不一,多者达三十六位,少者仅有一位,无眷属者占少数。

敦煌最早的不空羂索观音经变出现于盛唐时期的莫高窟148窟。此经变基本上依据玄奘所译密教重要经典《不空羂索神咒心经》绘制,但不完全拘泥于经文。窟内现存八扇不空羂索观音经变屏风画,主壁的两扇屏风表现自在天、大自在天等诸天神守护供养不空羂索神咒和持咒所获得的功

第二章 汉传密教在中国的传播

德。左右六扇屏风画表现一系列的修持供养神咒之法,由此可以免除各种灾难或病痛,获得各种功德利益的场景。此经变是敦煌密教形象中唯一一幅以《不空羂索神咒心经》为主题的经变。在形式上与如意轮观音经变对称出现,并从此固定下来,成为定式。

中唐时期,不空羂索观音经变得到了进一步的发展,不空羂索观音开始作为主尊出现于经变之中。中唐时期的莫高窟384窟南壁的不空羂索观音经变是这一时期的代表。从该经变主尊有六臂,十六身眷属中有四方天王、功德天、难陀龙王、跋难陀龙王、二忿怒尊等,表明该经变是依据《不空羂索观音经》绘制的。而该经和仪轨中所记载的"花缦供养"、"灯明供养"等,没有在此经变中出现,表明此经变亦未拘泥于经文和仪轨。

晚唐时期,不空羂索观音经变在组合方面发生了变化,出现了与十一面观音经变及千手千眼观音经变的新组合,但仍以与如意轮观音经变的组合为主。如晚唐时期莫高窟192窟的不空羂索观音经变和如意轮观音经变,便分别位于壁门两侧,成组对称出现。

自盛唐时期出现以来,不空羂索观音经变一直是一种备受敦煌地区人们喜爱的密教形象,盛唐以后人们对它的信仰长盛不衰,一直延续到西夏。现敦煌石窟中共保存了历代经变画七十四幅(未包括藏经洞的绢画、纸画),是敦煌最常见的密教经变之一。

2-14-3 不空羂索观音经变
主尊位居中央,头顶上方有宝盖。由十六身护法神环绕,有日光菩萨、月光菩萨、四方天王、婆薮仙、功德天、二龙王、二飞天、二忿怒尊、毗那夜迦、毗那勒迦等。整个画面绘制精美。
中唐　莫高窟384窟　南壁

| 神秘的密教 |

2-14-4　不空羂索观音经变

主尊六臂分别执持三叉戟、莲花、净瓶、君持。左肩披鹿皮衣。有头光和背光，结跏趺坐于水池中生出的莲花座上。水池中有莲花，却不见龙王或夜叉，十分罕见。眷属中仅有二天王，眷属少亦是本经变的特征。壁画虽变色，但仍不失为晚唐艺术佳作。

晚唐　莫高窟192窟　东壁门北

2-14-5　不空羂索观音

观音戴化佛冠，有八臂，肩披鹿皮衣，右手宝印、羂索、净瓶或结手印；左手持宝瓶、柳枝、宝珠、数珠。

五代　莫高窟468窟　东壁门南

 敦煌之最

★ 莫高窟最早的不空羂索观音画像

莫高窟最早的不空羂索观音画像是中唐第384窟中的六臂不空羂索观音图。该图画在南壁龛外东侧。图中观音头戴化佛冠，身着鹿皮裙衣，结跏趺坐于大莲座上。六臂中，上两臂，一手持三叉戟，一手持水瓶。有头光和背光。背光外又有一圆轮，圆轮上方是宝珠流苏华盖。华盖两侧各有一飞天，飞天下方是日光菩萨和月光菩萨。圆轮背光四角画四方天王，莲花座两侧画婆薮仙和功德天。莲池中有二龙王。池水下方置供案。供案两侧各有一愤怒尊，脚下各压一尊障魔神。此图已具有密教曼荼罗的仪轨形式，但又没有完全按照仪轨去画。

| 神秘的密教 |

15 · 为什么千手千眼观音经变在敦煌深入民心？

千手千眼观音是密教中的重要神祇之一，由于供奉千手千眼观音可获得"无愿不果"等诸多功德利益，深受各阶层的欢迎。因而千手千眼观音经变自盛唐时期在敦煌石窟出现后就久盛不衰，并一直延续到元代。

该经变是敦煌石窟极流行的汉密题材，加之藏经洞所出绢画、纸画，敦煌石窟保存至今的千手千眼观音经变有71幅，数量仅次于如意轮观音经变和不空羂索观音经变。

敦煌石窟的千手千眼观音经变，从出现的初期到元代，虽跨越近六个世纪，但就画面内容和表现形式而言，却一直遵循相对稳定的基本格局：画面呈方形或长方形，构图采用所谓"众星捧月式"，中央绘千手千眼观音。相同的是：观音戴化佛宝冠，头顶上

◀ 2-15-1 千手千眼观音经变图中央为千手千眼观音，两侧有眷属二十身，其中日光菩萨、月光菩萨、金翅鸟王、孔雀王、音声菩萨、莲花菩萨、地神天王、婆薮仙、水神、火神、青面金刚、马头金刚等，榜题清晰可辨。其它榜题虽不可辨认，但从其形象判断有二龙王、功德天、风神天王、金刚缦菩萨、金刚香菩萨、二供养菩萨。此经变构图紧凑，线描精练，色调柔和，是中唐时期的杰作。
中唐　莫高窟144窟　东壁门南

方有宝盖,结跏趺坐或站立在从水池中生出的莲花上。其差异则表现在:主尊的面数(一面、三面、七面、十一面、五十一);大手的数目(二、八、十、十二、二十、二十四、二十八、三十、三十四、四十、四十二、五十、六十二、七十二乃至一百);其眷属的多、少、有、无;小手的有无;手中所持法器、宝物的区别。

敦煌石窟最早的千手千眼观音经变出现在盛唐时期的莫高窟148窟。这幅经变并没有依照《千手千眼观世音经》和仪轨的规定,绘成圆形或方形并开四门的曼荼罗形式,而是绘成横长方形。构图采用"众星捧月式",在主尊两侧伴有眷属二十尊,眷属组成尊卑分明,职能明确,已经形成了密教经变的基本组合,也是盛唐时期密教经变中人物最多、场面最壮观的一铺经变。

这幅经变里,有两种构图形式,影响深刻。首先,观音众多小手于身后呈圆形排列,类似菩萨的背光。这种构图形式影响以后同类的观音经变。其次,眷属对称布置形式,则对此后千手千眼观音经变、十一面观音经变、如意轮观音经变、不空羂索观音经变的布局带来深刻的影响。

根据眷属的形象判断,可知其中有密教金刚界三十七尊中的内四供养、外四供养菩萨、四方之守护神十二天、龙王等。这些眷属出自不同的经文或仪轨。据此可知,148

2-15-2　千手千眼观音(局部) ▲

窟千手千眼观音经变没有拘泥于某一具体经典和仪轨,而是依据《千手经》、《千光眼观自在菩萨秘密法经》、《千手观音造次第法仪轨》等多部经典和仪轨绘制的,也因此被称为千手千眼观音经变。

| 神秘的密教 |

2—15—3 金刚舞、金刚缦、金刚香、金刚花菩萨、风天神 ▲

金刚舞菩萨左手在上，曲臂，右手斜伸腹前，舞姿优美。金刚缦菩萨双手执花缦横于胸前。金刚花菩萨左手托盛有莲花的花盘，呈跪姿。金刚香菩萨双手持曲柄香炉。下面的风天神戴宝冠，披甲胄，右手持风幡，十分威武。

盛唐　莫高窟148窟　东壁门上

2—15—4 金刚歌、金刚嬉、金刚灯、金刚涂菩萨、水天神 ▲

金刚歌菩萨弹奏曲颈琴，琴首为三叉戟，具有明显的密教特征。金刚嬉菩萨双手半握拳置于腰侧。金刚灯菩萨捧带柄莲花烛台，细长的蜡烛冒出一缕黑烟。金刚涂菩萨双手持盘向外倾斜，似在用盘中的"涂香"供养。这四身菩萨姿态优美。水天神持龙索和宝剑。

盛唐　莫高窟148窟　东壁门上

2—15—5 千手千眼观音 ▶

此为千手千眼观音经变的主尊，一面三眼，有头光和背光，结跏趺坐于莲花座上，形象优美。冠中化佛是立佛，极为罕见。四十只大手所呈手相和所持法器、宝物，与伽梵达摩译《千手千眼陀罗尼经》中记载"四十手法"基本相符。或双手腹前结印、施无畏印、合掌手，或分别执持如意宝珠、羂索、宝钵、宝剑、金刚杵、日精摩尼、月精摩尼、宝弓、宝箭、杨柳枝、白拂、胡瓶、旁牌、斧钺、玉环、白莲华、青莲华、紫莲华、红莲华、宝镜、宝箧、五色云、君持、宝戟、宝螺、髑髅杖、数珠、宝印、俱尸铁钩、锡杖、化佛、化宫殿、宝经、金轮、跋折罗、宝铎。此外还有众多小手。大小手中均有一慈眼。

盛唐　莫高窟148窟　东壁门上

| 神秘的密教 |

16·敦煌汉密鼎盛时期的千手千眼观音有何特点？

晚唐至宋初，敦煌的汉传密教达到了鼎盛时期，密教题材和形象进一步完备，各种新式组合也层出不穷。千手千眼观音经变开始摆脱从属地位，逐步占据了主室顶部的中心位置，形式更加繁缛、华贵，气势更加宏大，地位极其崇高。如晚唐经典洞窟之一的莫高窟161窟中，千手千眼观音便被绘于窟顶的顶心之上，主尊戴化佛冠，十二只大手持法器、宝物或结手印，众多小手组成五圈环绕主尊。大小手中均有慈眼。四角有吹笛的金刚歌菩萨、跳舞的金刚舞菩萨、持花缦的金刚缦菩萨、持花盘的金刚花菩萨。此经

2-16-1　千手千眼观音经变绢画
唐
纵222.5厘米　横167厘米
敦煌藏经洞出土
现藏伦敦英国博物馆
千手千眼观音经变图唐代极盛，莫高窟有40幅，形式颇不同。此图为蓝色地，中心有十一面千手千眼观世音结跏趺坐于莲座上。十一面作叠塔状，中有化佛。千手心都有一眼，其中四十大手各执法器。观音周围由上至下有十方佛、日光、月光、不空羂索、大梵天王等。左右对称，内容丰富，技法工细，色彩鲜艳，并有榜题标注所画内容。

变构思巧妙，绘制精美，是晚唐艺术的佳作。这一时期的千手千眼观音在组合方式上也发生了变化，出现了与不空羂索观音经变的新组合。

五代、宋初的千手千眼观音经变又有了新的变化，其中宋代莫高窟76窟的两幅更是别具一格。这两幅千手千眼观音经变分别绘于南北壁中部，相互对应，形成组合，成为这一时期又一全新的组合形式。特别的是南壁观音不见千手千眼，与显教观音难以区别，但是两旁的小画面显示其为千手千眼观音。

北壁经变的观音有十一面，八只大手，手心均有一慈眼。身后无小手环绕，与通常所见的千手千眼观音有别，曾被误认为是十

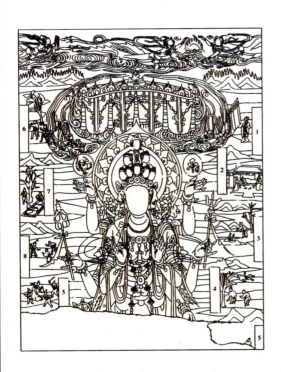

2-16-2　千手千眼观音经变线描图
宋　莫高窟76窟　　北壁

第二章 汉传密教在中国的传播

| 神秘的密教 |

2-16-3 千手千眼观音经变

主尊有十一面,主面有三眼,只有八只大手,手心均有一慈眼,无小手。手、臂一一各戴环钏,雍容华贵。两侧绘诵持大悲心咒现世"不受十五种恶死"的小画面。眷属中仅有飞天,十分奇特。这样的千手千眼观音经变在敦煌石窟只有一幅。画面以山水为背景。千手千眼观音神态慈祥,以红色线描造型,笔力刚劲,比例均匀,赋色淡雅,为宋代不可多得的艺术佳作。

宋　莫高窟76窟　　北壁

一面八臂观音。主尊两侧没有眷属,却绘了诵持大悲心咒者"不受十五种恶死"的小画面,现仅存9幅,每一画面均有榜题。据伽梵达摩译《千手千眼观世音菩萨广大圆满无碍大悲心陀罗尼经》及不空同本译的《千手千眼观世音菩萨大悲心陀罗尼》记载:"若

第二章 汉传密教在中国的传播

2-16-4 "八者不为毒药所中死"
此图是现世"不受十五种恶死"小画面之八,表现一个人吃了毒药,只要口念观音,便会免除灾难。
宋　莫高窟76窟　北壁

诸人天诵持大悲心咒者,得十五种善生,不受十五种恶死也。"这是敦煌石窟中唯一绘制诵持大悲心咒者可以"不受十五种恶死"的画面,因而格外引人注目。

南壁的观音是一面二臂,与敦煌石窟常见的显教观音几乎没有区别。区别在于主尊两侧绘制了诵持大悲心咒者"得十五种善生"的小画面,现仅存11幅,均有榜题。从榜题可知其中8幅画面为:"一者所生之处常逢善王","二者常生善国","三者常

2-16-5 千手千眼观音经变
主尊一面二臂，与显教观音几乎没有差别。这种千手千眼观音经变，在敦煌石窟壁画中是独一无二的。主尊两侧绘诵持大悲心咒"得十五种善生"的小画面。
宋代 莫高窟76窟 南壁

值好时","四者常逢善友","五者身根常得具足","十二者意欲所求皆悉称遂","十三者龙天善神恒常拥卫","十四者所生之处见佛闻法"。另外3幅小画面的榜题文字无法辨认。这是敦煌石窟唯一绘制诵持大悲心咒"得十五种善生"的画面。此外,《千眼千臂观世音菩萨陀罗尼神咒经》中又记载有"不要千眼千臂",只有两臂三眼的千手千眼观音,因此确认该主尊为千手千眼观音。这是敦煌石窟惟一一幅形象似显教而又属于密教的一面二臂观音,因而颇受重视。

2-16-6　"三者常值好时"
此图是"得十五种善生"的小画面之三,以朋友、孔雀、芭蕉寓意常交好时运。
宋代　莫高窟76窟　南壁

第三章 藏传密教异军突起与汉传密教的衰落

1·藏传密教为什么会在西夏时期兴起？

西夏为党项族建立的政权。党项为北方游牧民族，原属西羌一支。唐代，党项族拓跋部首领归附唐朝，赐姓李。公元8世纪初，吐蕃强盛，党项被迫向甘肃和陕西北部一带迁徙。党项族的迁徙持续了百年才逐渐稳定下来。至晚唐时割据有夏、绥、银、宥、静五州。五代时期，先后臣属于五代及北汉诸朝。北宋建立之初，依附宋、辽两朝，并积极为建立独立政权作各项准备。12世纪初，党项与甘州回鹘发生了争夺河西走廊的长期战争。公元1028年，党项军队攻陷甘州，占领了整个河西走廊。占领河西后，党项族立大夏国，在短短的二百年间建立起了独特的西夏文化。

3-1-1 地藏菩萨
地藏菩萨戴帔帽，右手持锡杖，左手托宝珠，站立于莲花上。身侧各有三条放射状色带，象征六道：天道、阿修罗道、人道、畜生道、地狱道、饿鬼道。画面简约，但寓意深刻。
西夏 莫高窟154窟 北壁

西夏的统治者大力提倡佛教，曾六次向宋朝求赐佛经，不惜耗费大量人力物力兴建佛寺，敦煌有八十多个洞窟都是这一时期建造或修葺的。朝廷还大力翻译和刊印卷帙浩繁的佛经，聘请回鹘、吐蕃高僧演绎经文。大量文献和考古数据显示，至迟在西夏中期（约公元12世纪），来自吐蕃的藏传密教已经传入西夏，并逐渐盛行起来。

当时藏传密教备受尊崇，上至西夏王室，下至百姓，都诵经听道。西夏法律明确规定，为官者必须诵读十四种密教经咒，《天盛旧改新定律令》的经咒中就包括《尊胜》、《无垢净光》等密教经典。西夏的军事城堡——黑水城遗址（位于今内蒙古）中出土了大量佛典，其中就有《佛说金轮佛顶大威德炽盛光佛陀罗尼经》、《六字大明王陀罗尼经》、《圣六字增寿大明陀罗尼经》、《佛说大乘无量寿决定光明王如来陀罗尼经》等藏传密教经典和曼荼罗风格的木

| 神秘的密教 |

3-1-2 金刚界五佛曼荼罗 ▲
窟顶中心绘金刚界五佛曼荼罗，是典型的藏密题材。图中可见，坛城外四方一圈，分别绘结触地印的东方阿閦佛、禅定印的西方无量寿佛、与愿印的南方宝生佛、施无畏印的北方不空成就佛。
西夏　榆林窟3窟　窟顶

3-1-3 西夏人供养像 ▶
图中两西夏供养人高大魁伟，戴金帖起云镂冠，着绿袍，具有北方少数民族的豪放气概，反映了西夏的崇佛之风。
西夏　莫高窟148窟　东壁

版画、《十一面观音》、《上乐金刚图》等藏传密教绘画。由此可知，当时藏传密教的传播相当广泛而深入，即使是军事重地也不例外。藏传佛教噶举派和萨迦派的传人到西夏弘法，都被奉为上师。虽然公元9世纪中叶，吐蕃实行禁佛运动，并长达百年，却促

第三章 藏传密教异军突起与汉传密教的衰落

使大量藏族佛教徒移居河陇地区，加强了藏传密教在西夏的势力。

在西夏立国之初（公元11世纪），处于西夏的统治范围内的敦煌依然盛行汉传密教，并承袭诸多汉密的艺术成分。从敦煌现存西夏初的密教壁画看，当时虽然已是中原的北宋中期，但有的作品仍然是"画派远宗唐法，不入宋初人一笔"。

随着藏传密教的兴起，相关内容也开始在敦煌石窟中出现，且题材丰富。据统计，共10种（处）、27幅。其中曼荼罗有五方佛曼荼罗、不空羂索观音曼荼罗、金刚界曼荼罗、十一面八臂观音曼荼罗、藏密不知名曼荼罗、藏密观音曼荼罗；藏密形象有绿度母、不动明王和金刚；此外还有中心佛坛等。无论是原有的形象还是新形象，风格都与汉密大有分别。在位置上，藏密壁画在洞窟内往往对称绘于洞窟主室，甚至还占据洞窟顶部，反映出西夏时期藏传密教的崇高地位，同时也表明，其在兴起阶段就已相当繁盛。

3-1-4 观音曼荼罗
曼荼罗中央塔中为八臂观音菩萨坐像，其四隅为四天王。坛城四门各有金刚守护。坛城上方绘画五佛，从手印判断，分别为大日如来、阿閦佛、宝生佛、无量寿佛、不空成就佛。由金刚界五佛可知此，观音曼陀罗亦属金刚界曼荼罗，是藏传密教曼荼罗之一。
西夏　　榆林窟3窟　　南壁东侧

| 神秘的密教 |

2·敦煌初兴的藏传密教传播什么？

在西夏王室的推崇之下，藏传密教得到了快速发展，以至初兴阶段便相当繁盛。随之而来的是众多关于藏密的内容。敦煌石窟中共发现藏密题材10种（处）、27幅，且往往对称分布于洞窟的主室，甚至占据洞窟顶部。典型的有敦煌榆林窟3窟中的藏密题材。

榆林窟3窟中共有藏传密教曼荼罗5幅，分别位于窟顶及南北壁。两壁共有4幅，两两对称。这5幅曼荼罗均属金刚界曼荼罗。

窟顶为藏密系统金刚界五方佛曼荼罗。

3-2-1　金刚界五佛曼荼罗　▲
曼荼罗由两圆轮、两方形交错构成，是典型的密教坛城形式，为敦煌石窟首次出现。其内容由五佛、四菩萨、四忿怒尊组成。最外一层圆轮外四角各有金刚杵的一端，如果将其相联，则形成巨大的交杵，亦可作为五方佛的象征。此曼荼罗为敦煌同期的藏传密教所罕见。
西夏　榆林窟3窟　窟顶

中央为大日如来，代表法界体性智；东方为阿閦佛，代表大圆满镜智；西方为无量寿佛，代表平等性智；南方为宝生佛，代表妙观察智；北方为不空成就佛，代表成就所智。五佛代表五智，故又称五智如来。五方

3-2-2　三十七尊曼荼罗　◀
在坛城圆轮中央绘金刚界五佛。中心为结智拳印的大日如来；下方为东方阿閦佛，结触地印；上方为西方无量寿佛，结禅定印；本尊右侧为南方宝生佛，左侧为北方不空就佛，均左手置于腹前、右手置于胸前。五佛的四角，各有一尊菩萨，分别是：大日如来的四波罗密菩萨，阿閦佛的四亲近菩萨（金刚萨埵、金刚王、金刚爱、金刚喜）；无量寿佛的四亲近菩萨（金刚法、金刚利、金刚因、金刚语）；不空成就佛的四亲近菩萨（金刚业、金刚护、金刚牙、金刚拳）；宝生佛的四亲近菩萨（金刚宝、金刚笑、金刚光、金刚幢）。
西夏　榆林窟3窟　北壁西侧

第三章 藏传密教异军突起与汉传密教的衰落

佛的四角有四身供养菩萨,很可能是大日如来的四波罗密菩萨,即金刚波罗密、宝波罗密、法波罗密和羯摩波罗密菩萨。

两壁西侧为三十七尊曼荼罗、金刚界曼荼罗,两幅曼荼罗南北相对。三十七尊曼荼罗中央为大日如来,角上有四波罗密菩萨,大日如来上下左右为四方佛及其各自的四亲近菩萨。内圆之内是内四供养菩萨(金刚歌、金刚舞、金刚嬉、金刚缦),内圆之外是外四供养菩萨(金刚香、金刚花、金刚灯、金刚涂)。此外还有护法等。基本依据密教经典绘制,是比较规范的藏传密教曼荼罗,但并未拘泥于某一经典。对面的金刚界曼荼罗,佛菩萨布置方法略有不同。中央仍是大日如来及其四波罗密菩萨,为四佛及内四供养菩萨围绕。四佛的十六亲近菩萨和外四供养菩萨则在圆圈之外组成四组。此外还有护法等。此曼荼罗亦依据密教经典绘制,但也并未拘泥于某一经典。

两壁东侧为观音曼荼罗、不空羂索观音曼荼罗,两幅曼荼罗南北相对。观音曼荼罗中央有塔,三面八臂观音坐在其中,左右为持花与白拂侍立的菩萨,上方二飞天,四角四天王。方形四门各一金刚护卫。上方为五方佛,以示此观音曼陀罗亦属金刚界曼荼罗。曼荼罗构成别致,此前未有。不空羂索观音曼荼罗与南壁的观音曼荼罗结构相似,只是具体内容稍有不同。一面八臂菩萨呈立

3-2-3 不空羂索观音曼荼罗
主尊为一面八臂呈立姿的观音菩萨,分别持羂索、弓、箭,或结手印,有的手持物不详。主尊两侧各有二身四臂金刚。坛城四门各有一身金刚守护。坛城上部绘制有金刚界五佛。
西夏 榆林窟3窟 北壁东侧

姿站立,分别持羂索、弓、箭,或结手印,有的手则持物不详。两侧为四身四臂金刚,方形四门各一金刚守护。上部亦绘制有五方佛。

143

3-2-4 金刚界曼荼罗

与北壁的金刚界三十七尊曼荼罗对称。坛城圆轮中央为大日如来及其四波罗密菩萨，大日如来下方为东方阿閦佛，东侧为南方宝生佛，上方为西方无量寿佛，西侧为结无畏印的北方不空成就佛。此外还有多身菩萨环绕。

西夏　榆林窟3窟　南壁西侧

| 第三章 藏传密教异军突起与汉传密教的衰落 |

3·藏密的兴起是否给敦煌的汉密带来了冲击？

西夏建国初期（公元11世纪），在王室的大力提倡下，汉传密教依然在敦煌地区流行，并再掀广译佛经、大兴寺院的热潮。但至迟在西夏中期（约公元12世纪），来自吐蕃的藏传佛教已经传入西夏，并逐渐盛行起来。这一变化动摇了原有的汉传密教的地位。

这一时期的汉传密教远远逊色于前朝，已经明显表露出衰败的迹象。此时汉传密教艺术题材绘制于洞窟的位置虽然仍沿袭五代、宋初，在洞窟最显赫的位置——主室顶部仍然绘制羯摩杵，但在顶部却不再绘制汉传密教的经变和曼荼罗，反映了汉传密教的地位明显降低。新题材方面，也只有五佛、炽盛光佛两种，而此前一度流行的许多密教

3-3-2 六臂观音像

六臂观音为汉传密教常见题材。此尊六臂观音像塑于清代，遮蔽了西夏五十一面千手千眼观音经变下方水池两侧的部众功德天、婆薮仙人、火神金刚、毗那夜迦神等。

西夏　榆林窟3窟　东壁南侧

3-3-1　榆林窟3窟示意图

①金刚界五方佛曼荼罗
②五十一面千手千眼观音经变
③千手千眼观音经变
④不空羂索观音曼荼罗
⑤金刚界曼荼罗
⑥观音曼荼罗
⑦金刚界曼荼罗
⑧普贤变
⑨文殊变
⑩净土变
⑪佛传
⑫观无量寿经变

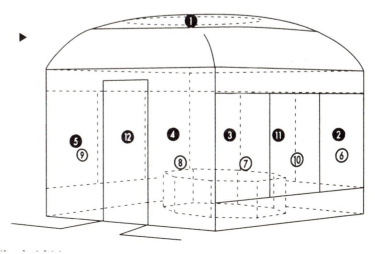

神秘的密教

第三章 藏传密教异军突起与汉传密教的衰落

题材，如毗沙门决海、毗沙门赴那吒会、金刚杵观音、马头观音、孔雀明王等已逐渐消失。在洞窟内虽仍有密教艺术作品以组合对称的形式出现，但类别和数量少了许多。

榆林窟3窟是西夏最具代表性的洞窟。窟内设八角佛坛，为密教所特有。壁画方面，汉密、藏密、显教俱备，但以密教为主。密教遗迹中，藏传密教遗迹又多于汉传密教，而且占据了洞窟中央和顶部等洞窟中最重要的位置，标志着西夏时期的藏传密教比汉传密教更受重视。

即便如此，汉传密教形象仍然有所体现。如绘于洞窟东壁上的两幅千手千眼观音经变，便是这一时期较有代表性的汉密经变，分别为五十一面千手千眼观音经变和十一面千手千眼观音经变，两组经变组合对称出现。

五十一面千手千眼观音经变的主尊，为五十一面、六十二只大手及无数只小手、手中有眼的千手千眼观音，为敦煌乃至中国现存千手千眼观音图像所仅见。大手及部分小

3-3-3 五十一面千手千眼观音经变 ◀
壁画中央为主尊，五十一面呈十层塔式排列，最上一面的头上方为七级宝塔，塔顶有化佛，化佛上有承露盘，盘中宝珠又化现须弥山，山顶又化现忉利天宫，再上又有化佛和祥云鲜花。六十二只大手执持对称的法器、宝物及世俗工具、劳作场面等。其中两只巨大的手左右斜伸，呵护着下方凡俗信众。壁画下部可见婆薮仙。此幅经变属汉传密教经变，主尊面数最多，手持众多世俗用具及劳作场面，为敦煌密教经变的孤例。
西夏　榆林窟3窟　东壁南侧

3-3-4 工具与宝瓶 ▲
此图是五十一面千手千眼观音手中部分工具及法器，有宝盘、宝瓶、绢索、腰鼓、钉耙、锯子、锄头、斧子等。
西夏　榆林窟3窟　东壁南侧

手所持法器、宝物，还有手托诸行业的活动场面，总计有166幅之多。由于该经变左右完全对称，故实际上是83种。其中只有31种在《千手经》、《轨》中有记载，而不见记载者竟多达52种。尤其是大量出现日常生活的工具、用具、乐器，以及踏碓图、犁耕图、酿酒图、锻铁图、商旅图、舞蹈图等场面，还有家庭饲养的牛、鸡、狗、鸭、鹅等动物和当时种植的棉花、葡萄、瓜果、树木等，反映了西夏时期信仰佛教主要是为了希求在现实生活中得到富足和安乐的愿望。因而学术界认为这个时期的密教具有浓厚的世俗性。

另一幅十一面千手千眼观音经变的主尊，为敦煌地区大手最多的千手千眼观音。他有一百只大手，大手执持法器和宝物，手中都有眼，无小手。

4·元代的宗教政策对藏传密教产生了怎样的影响?

元代是中国历史上由蒙古乞颜·孛儿只斤氏贵族所建立的统一王朝,也是中国历史上第一个由北方游牧民族统治者建立、统治全中国的封建王朝。公元1227年,蒙古军打败西夏王朝,攻破沙州,建立元政权。他们在沙州移民屯田,恢复水利,曾有过一段安宁的时期。其在敦煌的统治直至公元1368年明王朝攻占元大都,元朝灭亡为止。

元朝统治者信奉佛教,尤其是藏传密教在元代得到帝王的直接支持和崇信。元世祖忽必烈入关之前,就曾延请藏传密教萨迦派第五祖——八思巴东来,讲经说法,参赞军机。立国后,更是奉八思巴为"帝师",创立了尊封吐蕃藏传密教主流萨迦派领袖为帝师的制度,这在中国的佛教史上是相当独特的一例。

忽必烈授予八思巴玉印,称其为"皇天之下,一人之上",意思是比皇帝还要神圣。帝师的地位至高无上,帝师之命,与皇帝的诏令并行于西土。这就使八思巴成为藏族地区实际上的军政首脑,管理藏卫地区的一切事物。

在宗教方面,帝师主要身负两大职责:

一是亲自为皇帝传授佛戒,举行藏传密教的仪式。忽必烈以后的每位皇帝都必须经过由帝师主持的受戒仪式,才能够登基。

二是统领全国的佛教事物。

元代以前,藏传密教并无公认的宗教领袖,内部存在着萨迦派、噶举派、宁玛派★等众多派别,各派间实力相差不大,彼此攻伐不断。公元13、14世纪,由于得到中央王

3-4-1 蒙古人供养像
人物头戴钹笠,后垂发辫,着绿色窄袖袍服。
元　榆林窟3窟　甬道

第三章 藏传密教异军突起与汉传密教的衰落

3-4-2 金刚图
此图属蒙元时期藏传密教题材的图画,是元代藏传密教繁盛的具体表现。
元　内蒙古伊克昭盟鄂托克旗阿尔巴斯苏木百眼窑

3-4-3 金刚图
此图属藏传密教题材,说明当时内蒙地区藏传密教已经流行。
元　内蒙古伊克昭盟鄂托克旗阿尔巴斯苏木百眼窑

朝的扶持,萨迦派一跃成为其中最具实力的派别,居于藏传密教的领导地位,成为了西藏地区政教合一的统治者。

在中央政府与地方的关系上,帝师制度也起到了重要的作用。八思巴受封,表明中央开始对西藏地区行使设官任职的权力,将吐蕃这个原本完全独立于中央政府之外的政治实体,正式纳入了中央的管辖之内,加强了中央对地方的控制能力。帝师制度也成为联结中央政府与地方的桥梁。

对于藏传密教,元朝皇帝还采取兼容并蓄的政策。他在给予萨迦派尊荣的同时,也重视在西藏寺院最多、实力雄厚、根基扎实的藏传密教的另一支派——噶举派。这使萨迦派居于整个藏传密教领导地位的同时,其他教派也得到了相应的发展空间。正是这种宗教政策才使元代的敦煌石窟密教神秘寺院中出现了各派融汇的现象。

元朝政府特有的政策,将藏传密教推向了顶峰,成为当时统领佛教的第一大宗教,势力盛极一时,影响遍及全国,故有"秘密之法日丽呼中天,波渐于四海"之说。其后,明、清两朝继续提倡和推崇藏传密教,盛行近700年。

| 神秘的密教 |

3-4-4 大幻金刚双身曼荼罗
男尊蓝色，四面三目四臂，持钺刀、颅钵、弓箭，并拥抱明妃，足踏伏魔。女尊黑褐色，有四臂，拥抱男尊并持钺刀和拉弓。主尊上方及两侧为大幻金刚化身和四方空行母。
元　莫高窟465窟　南壁东

知识库

★ 宁玛派

宁玛派是藏传佛教宗派之一。"宁玛"在藏语中是"古"、"旧"的意思。自称其教法由公元8世纪时的莲花生传下来，并以传承、弘扬吐蕃时期所译的旧派密咒为主。宁玛派僧人均戴红色僧帽，故俗称"红教"。主要分为经典传承和伏藏传承。主要经典有《大圆满菩提心遍作王》等十八部根本密典。该派将全部佛法分为九乘，即声闻乘、缘觉乘、菩萨乘、事乘、方便乘、瑜伽乘、大瑜伽乘、随瑜伽乘、无极瑜伽乘，并有心部、界部、要门部三部大圆满教义。

第三章 藏传密教异军突起与汉传密教的衰落

5．为什么说敦煌是藏传密教的传播中心？

西夏时期在王室的推崇之下，藏传密教在敦煌地区发展起来，出现了很多藏密题材的遗迹。元代藏传密教的声势更胜，达到了鼎盛时期，影响覆盖全国，敦煌石窟中藏密题材的内容也更加丰富。经统计，敦煌石窟共有十个洞窟留下了蒙元时期的密教遗迹，其中属于藏传密教的题材有17种、31幅（处）。著名的有元代密教神秘寺院第465窟，以及戴骷髅冠、颈挂人头的金刚、金刚拥抱明妃等形象。

除了保留丰富的藏传密教遗迹之外，元代敦煌石窟还有其它重大的考古发现。据史籍记载，元朝僧人僧录广福大师管主八搜集刊刻未入藏的密教经论，并广为散施于宁夏、永昌、沙州等路，这是中国密教史乃至大藏经刊史的一件大事。近年，在敦煌莫高窟北区石窟内出土一件押捺有"僧录广福大师管主八施大藏经于沙州文殊舍利塔寺永远流通供养"印记的西夏文佛经（元朝时，西

3-5-1 三面四臂观音曼荼罗 ▶
本图是典型的藏传密教曼荼罗之一。主尊四臂，其中一双手持弓拉弦，箭在弦上，正欲射出，颇有动感。主尊与眷属均卷发披肩，具有印度波罗密教艺术风格。主尊下方有一梵文字母。
西夏 东千佛洞2窟 东壁门南

151

| 神秘的密教 |

夏文仍长时间广泛使用于原西夏故地），无疑便是当年管主八所施"河西字大藏经"之一，并证实敦煌石窟在当时是藏传密教译经、传经中心的其中一个。

此外，在莫高窟还发现一方"六字真言碑"，亦是研究元代敦煌藏传密教的重要资料。"六字真言"是藏传密教最尊崇的一句偈语。"唵"表示"佛部心"，念此字时，自身应于佛身，口应于佛口，意应于佛意，实现身、口、意与佛为一体，才能获得成就；"嘛呢"梵文意为"如意宝"，表示"宝部心"，据说此宝出自龙王脑中，得此宝珠，可以聚宝；"叭咪"梵文意为"莲花"，表示"莲花部心"，比喻法性纯洁；"吽"表示"金刚部心"，意喻必须依赖佛的力量才能获得"正觉"，成就一切，达到成佛的愿望。藏传佛教视"六字真言"为密教经典之根源，主张信徒循环往复持诵思维，念念不忘。

此块"六字真言"碑立于元代至正八年（公元1348年）五月十五日，碑上用梵、藏、

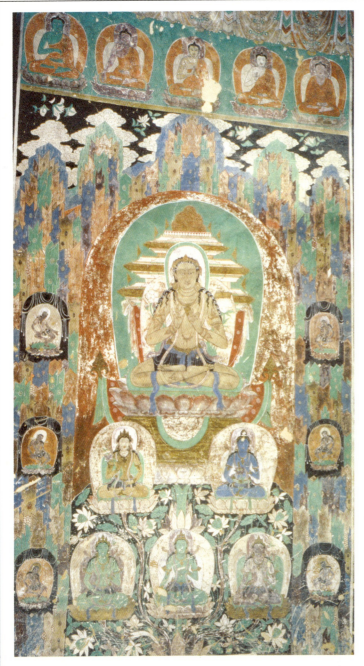

3-5-2 白度母曼荼罗
白度母系藏传密教二十一救世度母之一，曲发披肩，端庄秀丽，着重裙，结跏趺坐在莲花座上。上方为五方佛，下画莲池及五菩萨。两侧山中开六龛，内有修行菩萨，舞姿生动。
元 榆林窟4窟 南壁

第三章 藏传密教异军突起与汉传密教的衰落

汉、西夏、八思巴、回鹘六种文字书写"唵、嘛、呢、八、咪、吽"六字真言。真言两侧和下部刻有功德主题名。从题名推测，立碑者有蒙古、汉、西夏、回鹘等族人（包括速来蛮西宁王及王妃、太子）、沙州路及河渠提领、大使、百户、僧人、刻碑石匠等，共计82人。此碑的出土证实元代藏传密教在敦煌已得到广泛普及。

3-5-3 不知名曼荼罗 ▲
此图为藏传密教曼荼罗之一。方城内画五菩萨四护法。五菩萨呈十字形排列，形貌姿态基本相同，均曲发短裙，持剑及金刚杵，结跏趺坐在莲花座上。四角为四护法，均跨弓箭步，或持法器或结手印。
元　榆林窟4窟　东壁

3-5-4 莫高窟六字真言碑 ◀
残石高75厘米，宽57厘米。上额横刻"莫高窟"三字，碑心刻四臂观音坐像。坐像上方及两侧各刻"六字真言"两行，每行一种文字，计有梵、藏、汉、西夏、八思巴、回鹘六种文字。碑上还有功德主、当地官员、僧人和长老的等题名。说明密教在当地已相当普及。

| 神秘的密教 |

6·元代敦煌石窟中的藏、汉两种密教哪种占据主流地位？

自西夏时期在敦煌地区兴起以来，藏传密教的发展便对汉传密教造成了不小的冲击，两种密教在石窟中的地位也在无形中发生着变化。到元代，藏传密教发展到了鼎盛阶段，其影响与地位更是超越汉传密教，成为敦煌石窟中的主流。

敦煌石窟中留下的蒙元时期密教遗迹的洞窟共有十个，其内汉传与藏传密教兼而有之，但两种密教在数量、题材、位置等方面却有着很大的差别：

属于藏传密教的题材有17种、31幅（处）。在藏传密教的洞窟后室中央，修建有圆形多层佛坛，与后室顶部绘制的五方佛曼荼罗上下对应。而壁画则绘于洞窟的四壁及顶部，往往相互成组，彼此对称。其中大日如来、白度母曼荼罗、上乐金刚双身曼荼罗、金刚亥母单身曼荼罗、上乐金刚单身曼荼罗、喜金刚双身曼荼罗、上乐金刚双色伴属神曼荼罗、大幻金刚双身曼荼罗、密集金刚双身曼荼罗（或称为时轮金刚双身曼荼

3-6-2 千手千眼观音头部特写 ▶
此图是主尊有十一面，迭头如塔，千手排列如轮，手中有眼。大手四十二只，所持法器、宝物、所结手印仅见宝瓶、杨柳枝、顶上化佛、须弥山（或宝钵托须弥山）、双手合掌等数种，与《千手经》和仪轨的记载有别。
元　莫高窟3窟　北壁

3-6-1 千手千眼观音经变 ◀
主尊赤足站在莲花上。有眷属八身主尊和眷属形象，均使人耳目一新。绘制技艺精湛，堪称佳作。
元　莫高窟3窟　北壁

| 神秘的密教 |

罗)、大力金刚双身曼荼罗、大黑天曼荼罗、大威德金刚等,都是新出现的藏传密教题材。其中戴骷髅冠、颈挂数十颗头骨的金刚,金刚拥抱明妃等形象,带有浓厚的青藏高原的风格,有别于以往的密教形象,使人耳目一新。这一系列突然涌现的新形象,表明蒙元时期的敦煌地区与其它各地一样,藏传密教都在蓬勃发展。

汉传密教遗迹仅有8种、16幅,没有出现新题材。其种类和形象的数量均远少于西夏时期。这些汉密题材的壁画在洞窟的最重要位置,举凡前室、甬道、主室的顶部等,已经完全没有踪迹,显见其地位比西夏时期又降低了。

虽然地位明显低于藏传密教,但就其艺术角度而言,汉传密教形象中却仍不乏精品,莫高窟3窟的两幅千手千眼观音经变就是例证。两幅经变分列洞窟的南北两壁,对

3-6-3 观音曼荼罗
观音有八臂,曲发披肩,着短裙,结跏趺坐在莲花座上。八手分别持弓、箭等法器。主尊上下各有一身菩萨,左右各有一身金刚,四角是四供养菩萨。上方为五方佛,以示此曼荼罗属于金刚界曼荼罗。
元　榆林窟4窟　南壁

第三章 藏传密教异军突起与汉传密教的衰落

称组合。北壁一幅主尊赤足站在莲花之上，共十一面，迭头如塔，千手排列如轮，手中有眼。大手四十二只，所持法器、宝物、所结手印仅见宝瓶、杨柳枝、顶上化佛、须弥山（或宝钵托须弥山）、双手合掌等数种，与《千手经》和仪轨记载有别。身侧有眷属八身。其中功德天呈站立式，如同一位雍容华丽的贵妇，而婆薮仙也不再是手持竹杖的外道老者，毗那夜迦和毗那勒迦也已改头换面，分别用象头帽和猪头帽代替了象头与猪头。无论主尊还是各路眷属形象，均使人耳目一新，再加上绘制技艺精湛，堪称是敦煌壁画的压卷之作。南壁的千手千眼观音与北壁的基本相同，但眷属中未见二忿怒尊、毗那夜迦和毗那勒迦。

两经变画面布局严谨，构图简练，造型端庄，笔墨精审，神采动人，线描纯熟，变化丰富，形象真切感人，极富神韵。它们显示了元代绘画艺术的高度发展，在现存元代壁画中堪称翘楚。

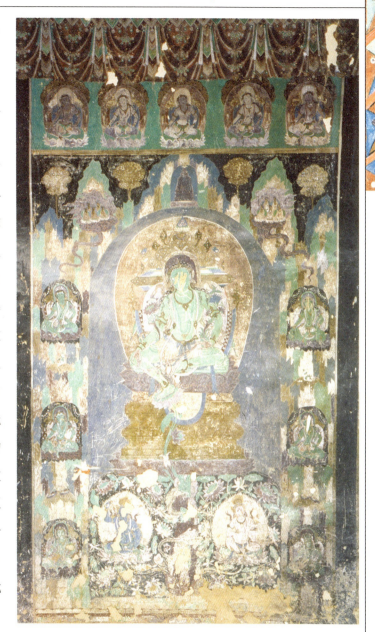

3-6-4 绿度母曼荼罗
绿度母是二十一救世度母之一，曲发披肩，着重裙，半跏坐于莲花座上。两侧山中有六龛，中坐绿度母化身。画面构图简练，人物形象优美。
元　榆林窟4窟　北壁

| 神秘的密教 |

3-6-5 千手千眼观音经变
此图与北壁的千手千眼观音相同，是一组对称组合，但眷属中未见二忿怒尊和毗那夜迦、毗那勒迦。
元　莫高窟3窟　南壁

第三章 藏传密教异军突起与汉传密教的衰落

7·藏传密教的神秘寺院究竟什么样？

莫高窟465窟是元代敦煌石窟中，藏传密教最具代表性的洞窟。该窟位于北区崖面北端，是一座有前后室的大型方窟。前室西壁门两侧和南、北壁各绘一噶当觉顿式佛塔。该塔式在公元13～14世纪流行于藏地，主要特征是伞盖宽。后室中央设四阶圆坛，上面已无尊像。窟顶和四壁满绘壁画，内容都是根据藏传密教的经典和仪轨绘制的，人物形象和表情充满怪诞奇异的风格，因此属于纯粹藏传密教的洞窟。

从近年莫高窟北区的考古发掘中意外得知，465窟确是一座密教寺庙。在前室甬道南壁上部，至今可见僧人"于元统三年（公元1335年）……八月到此秘密寺"朱书题

3-7-2 大日如来
主尊位于窟顶正中，结跏趺坐于莲花座上，后有头光和背光。
元　莫高窟465窟　窟顶中央

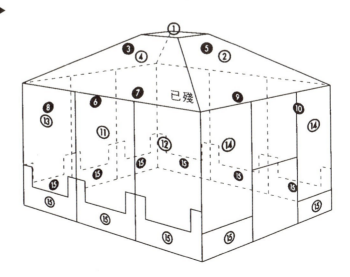

3-7-1 莫高窟465窟示意图 ▶
① 大日如来
② 东方阿閦佛
③ 西方无量寿佛
④ 南方宝生佛
⑤ 北方不空成就佛
⑥ 上乐金刚双身曼荼罗
⑦ 金刚亥母单身曼荼罗
⑧ 上乐金刚单身曼荼罗
⑨ 喜金刚双身曼荼罗
⑩ 上乐金刚双色伴属神曼荼罗
⑪ 时轮金刚双身曼荼罗
⑫ 大幻金刚双身曼荼罗
⑬ 大力金刚双身曼荼罗
⑭ 大黑天曼荼罗
⑮ 八十四大成就者金刚

| 神秘的密教 |

3-7-3　莫高窟465窟窟顶
窟顶中心为大日如来，东坡是阿閦佛，南坡是宝生佛，西坡是无量寿佛，北坡是不空成就佛。

窟。这一考古发现极其重要，证实了这座秘密寺院与西夏时期由甘州画师高崇德所绘安西榆林窟秘密堂29窟的布局基本相同，都属于密教寺院。465窟的意义，主要在于它保留了丰富多彩的典型藏传密教壁画。在后室正对圆坛上方的覆斗顶中心绘大日如来，覆斗顶东坡绘阿閦佛及其眷属一幅（象座），南坡绘宝生佛及其眷属一幅（迦楼罗座），西坡绘无量寿佛及其眷属一幅（孔雀座），北坡绘不空成就佛及其眷属一幅（马座）。五佛代表五智，号称五智如来。

记，可知在元代就称此窟为秘密寺。为了寺院的清静和隐秘，当年开凿此窟时，是经过精心选址的，远离了洞窟密集而开放的南区。为此在开凿时，还曾破坏了一批小洞

在该窟四壁共绘制长方形曼荼罗11幅，虽没有采用开四门曼荼罗的形式，但实际上都构成各自独立的曼荼罗。整个洞窟的壁画

第三章 藏传密教异军突起与汉传密教的衰落

都是依据藏传密教仪轨绘制的。

同时,这座洞窟也是一座无上瑜珈密洞窟。在这座纯粹藏传密教的洞窟中,所有壁画内容均属藏传密教性质,从其中有许多幅男女双身像分析,无疑属于藏传密教中的无上瑜珈密,图像中的"男女共修"体现了藏传密教无上瑜珈密"乐空双运"的义理。据史籍记载,早在中唐吐蕃占领敦煌时期,吐蕃的艺术一度影响敦煌,藏经洞就发现一件有双身形象的绢画,但石窟壁画中尚未发现双身内容的题材,说明当时的影响极其有限。到了西夏时期,在宁夏贺兰县、内蒙黑水城等地出现了双身形象的上乐金刚与金刚亥母曼荼罗唐卡等,但在敦煌莫高窟安西榆林窟和东千佛洞却是另外一番情景,虽有藏传密教遗迹,却未发现无上瑜珈密的男女双修形象。因此莫高窟465窟就成为敦煌地区首次出现的纯粹为藏传密教无上瑜珈密洞窟。

3-7-4 莫高窟465窟 (见下页图)

莫高窟465窟是元朝敦煌石窟藏传密教最具代表性的洞窟,保留了丰富多彩的典型藏传密教壁画。窟顶和四壁绘满壁画,内容都是根据藏传密教的经典和仪轨绘制的。该窟四壁共绘制长方形曼荼罗11幅,从内容上看,藏传密教不同派别的主尊共处一窟,还出现多幅男女双身像,成为敦煌地区首次出现的纯粹为藏传密教无上瑜珈密洞窟。

3-7-5 持花菩萨 (见164页图)

虽壁画变色,但仍不失为元代藏传密教艺术中的上乘之作。

元 莫高窟465窟 窟顶西坡

敦煌之最

★ **莫高窟最具代表性的密教供养菩萨**

在密教的许多经变、曼荼罗中,都画有供养菩萨,有的甚至数量众多。其中最具藏传密教特点的是画于元代莫高窟465窟中的供养菩萨。该窟中有多尊供养菩萨,以其中持花菩萨为例。菩萨戴宝冠,坠圆环大耳珰,裸露全身,束短裙,胸腹手臂,饰以项链璎珞、玉镯金钏。持莲花,十分优美。以金色围绕头光背光,背光内有纹饰。在人物造型上与显宗供养菩萨显著不同:面相长方,眉棱高广,双目细长,鼻尖唇薄,下颔突出,肤色洁白,手掌足心涂抹红色。着色艳丽、厚重,色泽明显,深受印度、尼泊尔等地密教艺术风格的影响。

| 第三章 藏传密教异军突起与汉传密教的衰落 |

8·藏传密教的神秘寺院到底归属哪一派？

藏传密教在发展的过程中，产生了众多的教派，其中最主要的是噶举和萨迦两派。

"噶举"在藏语中是"佛语传承"的意思。噶举派僧人通常身穿白色僧衣，故俗称"白教"。约产生于公元10世纪。主要有香巴噶举和达布噶举两大传承。其内又有众多的派系，香巴噶举主要有藏派、甲派、桑定派和日贡派；达布噶举主要有噶玛噶举、蔡巴噶举、鲍绒噶举和帕竹噶举，其中帕竹噶举又分止贡噶举、主巴噶举、亚桑噶举、超普噶举、修赛噶举、叶巴噶举和玛仓噶举八小支。各派系各有着重发扬的别法，但整体上都是噶举派的教义。

萨迦派的派名则源于萨迦寺名。萨迦派寺院的墙壁上涂有象征文殊、观音、金刚手菩萨的红、白、黑三色花条，故俗称"花教"。公元11世纪时由贡却杰布创建。萨迦派在元代时颇为得势，其中第五祖八思巴被元世祖忽必烈封为帝师，并令统率卫藏十三万户。萨迦派祖系分支较多，建立若干寺院。公元14世纪后在政治上失势，其地位被噶举派支系帕竹噶举所代替。

两大宗派在密教形象的供奉上各有侧重，并建有各自的寺院。在敦煌的洞窟之中，也有一座属于藏传密教的神秘寺院——

3-8-1　莫高窟465窟东壁　▼
两侧是两幅大黑天曼荼罗，为萨迦派修行时供奉的形象。大黑天是大日如来的降魔忿怒相，藏密护法之首。南侧的大黑天曼荼罗有三尊主像，下面是大黑天和吉祥天女。大黑天右手拿钺刀，左手托颅钵，六楞长木横置胸前。正中为大黑天的另一位女性眷属独髻母，有三目，双手托高足瓶。两侧为大黑天的四个鬼卒。

乐金刚双色伴属神。而在北壁中间的喜金刚双身曼荼罗以及在东壁门两侧所绘的两幅大黑天曼荼罗，属于萨迦派修习密法时供奉的主尊。至于南壁所绘的三幅曼荼罗，虽各自依据藏传密教密法绘制，但既不属于噶举派，又不属于萨迦派。由于元朝统治者在尊崇藏传密教萨迦派领袖为帝师的同时，也很重视在西藏寺院最多、实力雄厚、根基扎实的藏传密教另一支派——噶举派，因此在此洞中出现的各派融汇的现象，与当时元朝的大政国策相符。各派主尊济济一堂，也开创了藏传密教不同派别共处于同一个寺院的先河。

此外，源于印度密教八十四大成就者的形象也绘制于窟内每一幅曼荼罗的下部，现存８０幅，绘制的依据是《八十四大成就者史》。该藏传佛教重要典籍或译为《八十四成道者传》，记载了印度密教的八十四位大师的出身、修行过程、主要成就、弘法情况及道言歌集等。八十四位大成就者中的个别形象在西夏黑水城所出的藏密金刚亥母曼荼罗唐卡上曾出现过，但像465窟这样，将八十四位大成就者的形象全部绘制于一个佛教殿堂还是首次，这也从另一角度证实了此窟虽属于藏传密教系统，但并不是属于某一支派的寺庙。

另外，从绘画艺术方面看，465窟壁画内容丰富，布局考究。其中人体形象神秘，

3-8-2　大黑天曼荼罗

大黑天是萨迦派修行时供奉的主尊之一。主尊呈赭石色，戴骷髅蛇冠，冠有化佛，极为罕见。三眼圆睁，呲牙怒吼，体形肥硕。颈部挂五十颗骷髅璎珞。胸前两手持血碗和钺刀，后两手拿三叉戟和金刚剑。四周有十八身大黑天化身，其中四身鸟首者，有学者认为是大黑天的鸦头女眷属神。壁画分格布局，用细线作道劲描绘，以冷色调为主，平涂浓彩，对比强烈，手心脚心多施红色。

元　莫高窟莫465窟　东壁门北

莫高窟465窟，是敦煌石窟中最具特色的藏传密教洞窟。但综观窟内所有壁画，便会发现一个特殊的现象，即藏传密教不同派别的主尊，被共同供奉在同一个洞窟内。

例如西壁所绘三幅曼荼罗，均属于藏传密教噶举派修习密法时所供奉的主尊上乐金刚与金刚亥母，此外还有绘于北壁东侧的上

第三章 藏传密教异军突起与汉传密教的衰落

造型准确,线描细腻匀劲,绘制精湛,色彩浓重鲜明。各类菩萨动态优美,美艳之中令人怖畏,有一种狞厉之美,感染力强。其画风深受印度波罗密教艺术影响,是公元13世纪西藏画师的精心杰作,无论形式与内容都为敦煌艺术增添了新的品类。

3-8-3 上乐金刚与明妃金刚亥母双身曼荼罗 ▼
上乐金刚与金刚亥母是噶举派修行时供奉的主尊。图中上乐金刚有三目,手持金刚杵和金刚铃,并拥抱明妃,足踏卧魔。明妃有三目,举钺刀、颅钵,并拥抱男尊,足踏卧魔。围绕主尊绘十七身化身像。主尊上方绘五身十二臂上乐金刚与金刚亥母的双身像以代表坛城五方。主尊两侧有四臂瑜珈女,手持鼓、钺刀、天杖、颅钵。
元　莫高窟465窟　西壁中

附录一　　敦煌石窟密教遗迹统计表

时代		窟数	窟号
隋代		2	莫 284、305
唐代	初唐	7	莫 321、331、332、334、340、341 榆 23
	盛唐	28	莫 31、32、39、45、74、79、91、103、109、113、115、116、118、120、122、123、126、148、166、170、172、176、180、194、205、214、444、445
	中唐	59	莫 7、26、32、33、45、53、92、112、115、117、126、129、134、135、144、153、154、155、158、159、176、185、186、188、197、199、200、201、202、205、222、225、231、235、236、237、238、240、258、285、288、340、358、359、360、361、363、366、370、379、384、386、447、468、471、472 西 18 榆 24、25
	晚唐	55	莫 8、9、10、12、14、18、19、20、29、30、54、82、85、107、111、127、128、138、139、140、141、142、145、147、150、156、160、161、163、167、168、177、178、181、190、192、194、195、196、198、217、227、232、241、336、337、338、340、459、470 榆 6、15、24、30、35
五代		101	莫 5、6、22、26、31、32、33、34、35、36、38、39、45、47、61、72、83、90、98、99、100、108、119、120、121、124、125、126、146、162、165、171、176、197、205、206、208、217、218、225、258、261、272、281、288、292、294、296、297、299、300、301、303、305、311、321、328、329、330、331、332、333、339、341、347、351、359、369、374、375、379、384、386、387、388、390、392、395、396、401、402、428、440、446、467、468 西 16 水 4 榆 6、12、16、19、20、31、32、33、34、35、36、38、40

| 附录一 |

宋代	55	莫25、55、76、122、133、141、152、165、166、169、170、171、172、174、176、177、178、197、198、201、202、203、220、230、231、234、243、256、275、289、302、335、364、377、380、427、431、437、444、449、452、454、456 榆6、13、14、20、21、22、25、26、28、33、35、莫高窟天王堂
西夏	49	莫30、87、117、140、142、153、154、164、165、206、223、235、237、245、246、256、281、291、309、314、323、326、327、328、330、339、351、354、355、356、408、418、432、443、460、464 榆2、3、5、6、29、39 东2、4、5、7 五1、3、4
元	10	莫3、61、95、149、463、465 榆4、10、27 东6

说明：

1、附表中的洞窟时代指密教遗迹的时代。
2、不同时代的密教遗迹处于同一洞窟的，则该洞窟在表上出现多于一次。
3、表中的"莫"即莫高窟，"榆"即榆林窟，"东"即东千佛洞，"西"即西千佛洞，"五"即五个庙石窟，"水"即安西水峡口石窟。

附录二　敦煌石窟隋至元代密教遗迹种类与数量统计表
（未计藏经洞所出绢画、纸画及木雕）

密教遗迹的种类	朝代	数量	所在洞窟号
六臂菩萨曼荼罗	隋代	1	284
	盛唐	1	148
	中唐	1	238
	五代	4	162、197、332、341
	宋初	6	166、177、榆25、天王堂（3幅）
	西夏	2	309（2幅）
	元代	1	榆10
八臂菩萨曼荼罗	隋代	1	284
	初唐	2	341（2幅）
	盛唐	1	148
	五代	2	162、359
	宋初	4	377、437、456、天王堂
	西夏	5	东2（2幅）、东5、东7、五1
圆形或方形佛坛	隋代	1	305
	西夏	2	榆3、榆29
	元代	2	465、榆4
十一面观音经变	初唐	7	321、331（2幅）、334、340、榆23（2幅）
	盛唐	1	32
	中唐	3	144、370（2幅）
	晚唐	8	10、14、161、163、196（2幅）、198、338
	五代	9	33、35、225、258、300、331、388、402、榆36
	宋初	2	201、444
	西夏	4	355、443、东2、东4
珞珈山观音	初唐	1	332
	晚唐	1	161
	宋初	2	231（2幅）
千手千眼观音经变	盛唐	4	79、113、148、214
	中唐	9	115、144、176（2幅）、231、238、258、361、386
	晚唐	9	14、54、82、156、161、232、338、470、榆30
	五代	14	45、99、120、292、294、329、332、379、402、榆35、榆36、榆38、榆40、西16
	宋初	10	76（2幅）、141、172、231、234、302、335、380、456
	西夏	8	30、460、榆3（2幅）、榆39（2幅）、五1、五3
	元代	2	3（2幅）
文殊变	盛唐	2	172、180
	中唐	28	92、112、134、144、158、159、185、200、202、205、222、231、235、236、237、238、240、358、359、360、361、366、370、386、447（2幅）、468、榆25
	晚唐	30	9、12、14、18、19、20、54、111、127、128、141、142、145、147、150、156、160、161、163、167、177、192、196、198、217、227、232、337、340、榆6

附录二			
	晚唐	30	9、12、14、18、19、20、54、111、127、128、141、142、145、147、150、156、160、161、163、167、177、192、196、198、217、227、232、337、340、榆6
	五代	37	5、6、26、31、33、36、39、72、99、100、119、120、121、171、176、208、258、261、292、294、296、305、321、332、351、369、390、402、446、榆12、榆16、榆19、榆32、榆34、榆35、榆36、榆38
	宋初	12	25、165、230、256、380、456、榆6、榆13、榆14、榆21、榆22、榆26
	西夏	23	142、153、164、223、235、245、246、256、291、314、323、327、339、351、408、418、460、西4、榆3、榆29、东5、五1、五3
	元代	3	149、榆4、东6
普贤变	盛唐	2	172、180
	中唐	28	92、112、134、144、158、159、185、200、202、205、222、231、235、236、237、238、240、358、359、360、361、366、370、384、386、472、468、榆25
	晚唐	30	9、12、14、18、19、20、54、111、127、128、141、145、147、150、156、160、161、163、167、177、192、195、196、198、217、227、232、241、337、榆6
	五代	39	5、6、26、31、33、36、39、72、99、100、120、121、171、176、206、208、258、261、292、294、296、305、321、332、351、369、375、388、390、402、446、榆12、榆16、榆19、榆32、榆34、榆35、榆36、榆38
	宋初	12	25、165、230、256、380、456、榆6、榆13、榆14、榆21、榆22、榆26
	西夏	22	153、164、165、223、235、245、246、291、314、323、339、351、408、418、460、西4（2幅）、榆3、榆29、东5、五1、五3
	元代	3	149、榆4、东6
如意轮观音经变	盛唐	1	148
	中唐	10	117、129、158、176、200、285、358、384、386、471
	晚唐	19	9、14、19、20、54、107、138、145、147、156、178、192、194、198、232、336、340、榆24、榆30
	五代	34	22、45、47、61、83、99、119、125、197、205、225、258、272、288、294、299、300、303、305、329、332、379、387、388、396、402、440、468、榆20、榆31、榆35、榆36、榆40、水4
	宋初	10	25、122、178、230、231、275、302、335、437、456
	西夏	4	235、354、355、东5
不空绢索观音经变	盛唐	1	148
	中唐	9	117、129、200、285、358、361、384、386、西18
	晚唐	20	14、19、20、82、138、139、141、145、147、156、160、163、178、192、194、195、198、232、336、340
	五代	33	22、45、47、61、99、119、197、205、225、258、272、288、294、299、303、305、329、332、341、379、387、388、390、402、468、榆6、榆16、榆20、榆31、榆35、榆36、榆40、水4
	宋初	8	25、122、231、243、275、302、335、456
	西夏	3	235、354、355
四臂观音经变	盛唐	1	148
	晚唐	1	156
	五代	1	125

四臂观音经变	盛唐	1	148
	晚唐	1	156
	五代	1	125
	宋初	2	220、榆6
	西夏	4	榆6、东2、东5、五3
	元代	3	149、榆27（2幅）
毗沙门天王	盛唐	6	91、103、118、120、123、170
	中唐	12	135（2幅）、144、154（2幅）、158、188、202、222（2幅）、358、榆25
	晚唐	11	9、12、29、107（2幅）、138、140、156、160、196（2幅）
	五代	27	31、32、34、61、98、100、108、119、120、146、258、261、281、294、296、330、333、339、374、379、387、388、395、榆32、榆36、榆38、榆40
	宋初	8	55、152、170、171、178、201、454、榆21
	西夏	1	140
毗琉璃天王	盛唐	4	91、118、120、123
	中唐	6	144、158、202、358、384、榆25
	晚唐	6	12、29、138、140、156、196
	五代	21	31、32、61、98、100、108、119、120、146、258、261、294、296、374、379、387、388、428、榆34、榆38、榆40
	宋初	6	55、152、171、178、201、454
	西夏	1	140
天王	盛唐	6	39（2幅）、103、109、120（2幅）
	中唐	16	53（2幅）、92（2幅）、159（2幅）、202（2幅）、231（2幅）、235（2幅）、258、340、363（2幅）
	晚唐	21	14、150（2幅）、160、168（2幅）、181、190、192（2幅）、194（2幅）、195、217（2幅）、338（2幅）、340、459、470（2幅）
	五代	32	38、90、99、100（2幅）、124（2幅）、165（2幅）、218、225（2幅）、292（2幅）、297（2幅）、303（2幅）、305（2幅）、328、330、339、347、386、388、467、榆19、榆31（2幅）、榆35（2幅）
	宋初	9	174（2幅）、198（2幅）、202、256、364、452
	西夏	6	330、356（2幅）、464（3幅）
观音经变	盛唐	7	45、113（2幅）、126、205、444（2幅）
	中唐	5	7、112、185、472（2幅）
	晚唐	6	8、14、18（3幅）、128
	五代	9	126、261、288、341、395（2幅）、396、榆36、榆38
	宋初	2	55、榆28
	西夏	3	464（3幅）
地藏	盛唐	17	74、103、115（2幅）、116、122、166（3幅）、172（2幅）、176（2幅）、194、205、444、445
	中唐	20	26（2幅）、32、33、45、115（2幅）、126、153、155、176（3幅）、197、199、201（3幅）、225、379
	晚唐	10	138（3幅）、160、177、194、195、196、榆15（2幅）
	五代	7	124、225、301、305、331、榆12、榆16
	宋初	3	449、榆35（2幅）
	西夏	2	117、154

六臂飞天	盛唐	1	148
毗卢舍那佛	盛唐	3	31、74、79
千手千钵文殊经变	中唐	6	144、238、258、288、360、361
	晚唐	3	14、54、338
	五代	4	99、120、205、西16
	宋初	2	172、380
	西夏	2	30、460
羯摩杵	中唐	4	7、361、370、西18
	晚唐	3	14、30、140
	宋初	7	170、177、178、243、289、364、榆21
	西夏	8	30、87、140、206、281、291、326、328
提头赖叱天王	中唐	1	384
	晚唐	1	156
	五代	9	61、98、100、108、146、261、428、榆19、榆40
	宋初	3	55、152、454
五台山	中唐	6	112、144、159、222（2幅）、237
	晚唐	1	9
	五代	1	61
毗沙门赴那吒会	中唐	1	榆25
	晚唐	5	9、338、340、榆35（2幅）
	五代	13	45、72（2幅）、208、288（2幅）、311、329、341（2幅）、390、392、401
	宋初	13	122、169（2幅）、172、202（2幅）、203、302（2幅）、431（2幅）、454（2幅）
毗沙门决海	中唐	2	144、236
	晚唐	1	9
东方不动佛	中唐	1	231
	五代	2	61、146
	宋初	1	437
毗卢舍那佛与八大菩萨曼荼罗	中唐	1	榆25
	五代	2	榆20（2幅）
释迦曼荼罗	中唐	2	186、360
西方无量寿佛	中唐	1	231
	五代	2	61、146
不知名曼荼罗	晚唐	2	156、196
	五代	4	34、428、榆38（2幅）
	西夏	9	东5（3幅）、东7（4幅）、五1（2幅）
	元代	3	榆4（2幅）、东6
毗楼博叉天王	晚唐	1	156
	五代	9	34、61、98、100、108、146、261、榆34、榆40
	宋初	3	55、152、454
密严经变	晚唐	2	85、150
	五代	1	61
金刚萨埵曼荼罗	晚唐	2	14、156
金刚母曼荼罗	晚唐	1	14
金刚三昧曼荼罗	晚唐	1	156
八臂宝幢菩萨	晚唐	1	156

观音曼荼罗	五代	1	300
	宋初	1	170
	西夏	1	榆3
	元代	1	榆4
地藏与十王	五代	10	6、217、375、379、384、390、392、榆33、榆38（2幅）
	宋初	5	176、202、380、456、榆35
	西夏	3	314、东5（2幅）
水月观音	五代	6	124、294（2幅）、331、榆38（2幅）
	宋初	6	176、203、427、431、榆20（2幅）
	西夏	13	164（2幅）、237、榆2（2幅）、榆29（2幅）、东2（2幅）、东5、五1、五4（2幅）
金刚杵观音	五代	1	124
	宋初	2	427、449
	元代	1	149
孔雀明王	五代	5	165、169、205、208、榆33
	宋初	6	133、165、169、431、456、榆33
六趣轮迴	五代	3	331、榆19、榆34
	宋初	1	176
金刚剑菩萨	五代	1	124
	宋初	1	437
金刚藏菩萨	五代	1	榆34
	宋初	1	25
二十臂观音	宋初	1	天王堂
天鼓音佛	五代	2	61、146
最胜音佛	五代	1	61
宝相佛	五代	1	146
马头观音	五代	1	446
金刚界五佛曼荼罗	五代	2	榆20、榆35
	宋初	1	天王堂
宝幢香炉菩萨	宋初	1	449
杨柳枝观音	宋初	1	449
南方不动佛	宋初	1	437
佛顶尊胜陀罗尼经变	宋初	2	55、454
迦楼罗王	宋初	1	133
五佛	西夏	1	432
	元代	2	3、463
炽盛光佛	西夏	1	五1
	元代	1	61
五方佛曼荼罗	西夏	3	464、榆3、东2
	元代	2	465、榆4
绿度母曼荼罗	西夏	2	东2、东5
	元代	1	榆4

附录二			
金刚	西夏	4	东5（3幅）、东7
	元代	10	463（2幅）、465（5）、榆10、东6（2幅）
不空绢索观音曼荼罗	西夏	1	榆3
金刚界曼荼罗	西夏	2	榆3（2幅）
十一面八臂曼荼罗观音	西夏	1	东7
不动明王	西夏	2	榆29（2幅）
大日如来	元代	1	榆10
白度母曼荼罗	元代	1	榆4
上乐金刚双身曼荼罗	元代	1	465
金刚亥母曼单身曼荼罗	元代	1	465
上乐金刚单身曼荼罗	元代	1	465
喜金刚双身曼荼罗	元代	1	465
上乐金刚双色伴属神曼荼罗	元代	1	465
大幻金刚双身曼荼罗	元代	1	465
时轮金刚双身曼荼罗	元代	1	465
大力金刚双身曼荼罗	元代	1	465
大黑天曼荼罗	元代	2	465（2幅）

说明：
1、未特别注明者，均为莫高窟。
2、"榆"为榆林窟，"东"为东千佛洞，"西"为敦煌西千佛洞，"五"为五个庙石窟，"水"为肃西水峡口石窟。
3、西夏密教遗迹含回鹘时期的密教形象。

附录三　敦煌大事记

历史时代	敦煌行政建置	敦煌地区大事记	世界文明地区大事记
汉　西汉 　　新 　　东汉 （公元前111～ 公元219年）	敦煌郡敦煌县 敦德郡敦德亭 敦煌郡	公元前139年张骞出使西域，历13年，获大量西域资料； 公元前127年，卫青、霍去病出击匈奴，历时8年，河西走廊归入西汉版图，敦煌成为通西域的门户； 公元前111年敦煌始设郡； 公元前119年，张骞再次出使西域； 公元前69年，大族张氏自清河迁敦煌，家于北府，号北府张氏； 公元16年大族索氏自钜鹿迁敦煌，号南索； 公元23年隗嚣反新莽； 公元25年窦融据河西，恢复敦煌郡名； 公元73年班超出使西域，汉与西域断绝65年后恢复通好； 公元97年，东汉使节甘英到达波斯湾； 公元120年东汉置西域副校尉，主管西域事务，治所设在敦煌，敦煌成为中原王朝统治西域的军政中心。	公元前174年大月氏部落离开中国西部，迁往中亚； 公元52年贵霜帝国建立，统治中亚地区及印度北部，成为与中国、罗马、波斯并列的四大帝国之一； 公元60～200年印度编成《般若经》、《法华经》、《华严经》、《无量寿经》等大乘佛教经典。
三国 （公元220～ 265年）	敦煌郡	竺法护游历西域，携佛经东归，在长安、敦煌、洛阳传教译经，被称为"敦煌菩萨"。	公元226年波斯萨珊王朝建立； 公元229年贵霜王遣使到中国； 公元242年波斯人摩尼开始传教。
西晋 （公元266～ 316年）	敦煌郡	出现索靖、索袭、宋纤、氾腾等一批名儒。	

续表

十六国 (公元317~439年)	前凉 前秦 后凉 西凉 北凉	沙州、敦煌郡 敦煌郡 敦煌郡 敦煌郡 敦煌郡	公元320年,竺法护弟子竺法乘在敦煌立寺延学; 公元336年,始置沙州; 公元366年,沙门乐僔在敦煌莫高窟修建第一个洞窟; 公元384年,苻坚徙江汉民众到敦煌; 公元400~405年,为西凉国都; 公元413年,中天竺名僧昙无识到敦煌译经弘法。	公元320年,印度笈多王朝建立; 公元339年,波斯禁基督教; 约公元4世纪,印度教形成; 公元422年,波斯下禁基督教之令。
北朝 (公元439~581年)	北魏 西魏 北周	沙州、敦煌镇、义州、瓜州 瓜州 沙州鸣沙县	公元444年,置镇,公元516年,罢为义州,公元524年复瓜州; 公元530年,东阳王元荣在莫高窟修造佛窟; 公元563年改鸣沙县,至北周末; 公元571年,瓜州刺史、建平郡公于义在莫高窟修造佛窟。	公元455年,波斯萨珊王朝遣使到中国; 公元518年,波斯与北魏通使; 公元521年,龟兹王遣使致书南朝的梁朝,赠送方物。
隋 (公元581~618年)		瓜州敦煌郡	公元601年,隋文帝诏天下诸州建灵塔,送舍利至瓜州崇教寺(莫高窟)起塔; 公元609年,隋炀帝巡幸河西,会见西域诸国可汗,并派人到敦煌造寺修塔,三十多年间在敦煌开窟94个。	公元606年,戒日王即位,定都曲女城,北印度归于统一; 公元610年,阿拉伯人穆罕默德创立伊斯兰教; 公元615年,吐火罗、龟兹、疏勒、于阗、安国、何国、曹国等遣使到中国向隋朝朝贡。
唐 (公元619~781年)		沙州、敦煌郡	公元622年,设西沙州,公元633年改沙州,公元740年改郡,公元758年,复为沙州; 公元618~704年,在敦煌历史分期上为初唐期; 公元695年,禅师灵隐、居士阴祖等在莫高窟修建高达35.2米的北大像;	公元630年,穆罕默德以麦加作为伊斯兰教朝圣之地; 公元640年,戒日王遣使到长安,为中印邦交之始; 公元644~656年,阿拉伯文《古兰经》成书;

续表

			公元 704~781 年，在敦煌历史分期上为盛唐期； 公元 721 年，僧人处谚与乡人马思忠等造高达 27 米的南大像。	公元 651 年，阿拉伯军攻波斯，波斯向唐求援； 公元 652 年，阿拉伯灭波斯萨珊王朝； 公元 692 年伊斯兰教伟大建筑耶路撒冷之石制圆顶教堂建成； 公元 716 年，印度沙门善无畏来长安。
吐蕃 （公元 781~848年）	沙州敦煌县		公元 781 年，吐蕃占领敦煌，统治当地达 67 年，这段时期在敦煌历史分期上为中唐期，也称吐蕃时期。	公元 795 年，巴格达设造纸作坊，以中国方法造纸。
张氏归义军 （公元 848~910年）	沙州敦煌县		公元 848 年，张议潮逐走吐蕃，归降唐朝，后被册封为归义军节度使； 公元 851 年，唐朝以沙门洪䛒为河西都僧统，管理僧侣事务； 公元 868 年，敦煌发现的最早的雕版印刷佛经在这年出版。	
西汉金山国 （公元 906~914年）	国都		公元 906 年，归义军节度使张承奉自立为白衣天子，号西汉金山国； 公元 911 年，张承奉向回鹘求和，尊回鹘可汗为父，改称"敦煌国"，去天子称号，改称王； 张议潮至张承奉统治期在敦煌历史分期上为晚唐期。	
曹氏归义军 后梁 后唐 后晋 后汉 后周 宋 （公元 914~1036年）	沙州敦煌县 沙州敦煌县 沙州敦煌县 沙州敦煌县 沙州敦煌县 沙州敦煌县		公元 914 年，曹议金取代张承奉，废金山国，仍称归义军节度使。	公元 916 年，通往中亚的路被藏人和阿拉伯人占领； 公元 991 年，阿拉伯数字开始传入欧洲； 公元 1000~1026年，伊斯兰教传入印度。

| 附录三 |

续表

西夏 （公元 1036～1227 年）	西夏 蒙古	沙州 沙州路	公元 1036 年，西夏攻占沙州，归义军政权结束，敦煌由西夏控制；西夏在莫高窟重修 60 窟。	公元 1204 年，十字军攻陷东罗马帝国的君士坦丁堡，建立"拉丁帝国"，东罗马帝国分裂为三部。
蒙元 （公元 1227～1402 年）	元 北元	沙州路 沙州路	公元 1227 年，蒙古占领敦煌； 公元 1229 年，蒙古自敦煌置驿抵玉门关，以通西域。	公元 1256 年，波斯被蒙古军征服； 公元 1258 年，阿拉伯阿拔王朝被蒙古军征服，同年蒙古军在其征服的伊朗、阿富汗、两河流域等地建立伊儿汗国； 公元 1369 年，帖木儿汗国建立，以撒马尔罕为首都，成为中亚强国。
明 （公元 1368～1644 年）		沙州卫、罕东街	公元 1372 年，明将冯胜经略河西，建嘉峪关，敦煌被弃置关外； 公元 1516 年，吐鲁番占领敦煌； 公元 1524 年明朝关闭嘉峪关，沙州民众内迁，敦煌凋零。	公元 1404 年，帖木儿准备进攻中国，于征途中病死； 公元 1453 年，君士坦丁堡被土耳其军攻陷，东罗马帝国灭亡； 公元 1498 年，达伽马航抵印度； 公元 1550 年，帖木儿帝国灭亡； 公元 1526 年，印度莫卧儿帝国建立； 约公元 16 世纪，阿拉伯民间故事集《一千零一夜》成书； 公元 1632 年，印度修筑泰姬陵，被喻为世界七大建筑奇迹之一； 公元 1669 年，莫卧儿帝国禁止婆罗门教。
清 （公元 1644～1911 年）		敦煌县	公元 1715 年，清兵出嘉峪关收复敦煌一带； 公元 1724 年，筑城置县； 公元 1900 年，道士王圆箓在清除积沙时，发现藏经洞。	公元 1857 年，英军攻陷德里，印度莫卧儿帝国灭亡。

图书在版编目(CIP)数据

神秘的密教/彭金章著.—上海:华东师范大学出版社,
2010.8
(解读敦煌)
ISBN 978-7-5617-7981-1

Ⅰ.①神… Ⅱ.①彭… Ⅲ.①密宗-研究
Ⅳ.①B946.6

中国版本图书馆 CIP 数据核字(2010)第 141403 号

解读敦煌
神秘的密教

著　　者	彭金章
摄　　影	吴　健
策划编辑	于　焰
项目编辑	储德天
文字统筹	陆晓如
文字编辑	陈飒飒
封面设计	卢晓红
版式设计	大禾文化
排　　版	刘新慧

出版发行　华东师范大学出版社
社　　址　上海市中山北路 3663 号　邮编 200062
电话总机　021-62450163 转各部门　行政传真 021-62572105
客服电话　021-62865537(兼传真)
门市(邮购)电话　021-62869887
门市地址　上海市中山北路 3663 号华东师范大学校内先锋路口
网　　址　www.ecnupress.com.cn

印 刷 者　上海中华商务联合印刷有限公司
开　　本　787×1092　16 开
印　　张　11.5
字　　数　110 千字
版　　次　2010 年 8 月第一版
印　　次　2016 年 5 月第 2 次
书　　号　ISBN 978-7-5617-7981-1/J·139
定　　价　49.80 元

出版人　王　焰

(如发现本版图书有印订质量问题,请寄回本社客服中心调换或电话 021-62865537 联系)